U0589572

儿童青少年
身体素质提升指导与实践

柔韧性练习

国家体育总局青少年体育司
国家体育总局体育科学研究所　主编

路瑛丽　李良　编著

人民邮电出版社

北　京

图书在版编目（CIP）数据

儿童青少年身体素质提升指导与实践：柔韧性练习 / 国家体育总局青少年体育司，国家体育总局体育科学研究所主编；路瑛丽，李良编著. -- 北京：人民邮电出版社，2023.8
ISBN 978-7-115-59612-3

Ⅰ. ①儿… Ⅱ. ①国… ②国… ③路… ④李… Ⅲ. ①儿童－身体素质－柔韧性－运动训练－研究 Ⅳ. ①G808.17

中国版本图书馆CIP数据核字(2022)第111567号

内 容 提 要

本书由国家体育总局青少年体育司和国家体育总局体育科学研究所联合主编，提供了儿童青少年柔韧性训练的科学知识和练习指导。本书首先阐述了柔韧性的基础知识，包括柔韧性的定义、影响因素、敏感期及训练意义；其次介绍了柔韧性的测试方法；接着概述了柔韧性的训练方法，并通过多步骤图文和视频演示详细讲解了包括肌筋膜放松练习、静态拉伸练习和动态拉伸练习在内的柔韧性练习；最后提供了针对不同部位、专项、体育测试等的柔韧性训练计划。全书内容科学、系统，能有效帮助儿童青少年精准掌握相关知识和练习，安全、高效地进行柔韧性训练，循序渐进地提升柔韧性水平。

◆ 主　　编　国家体育总局青少年体育司
　　　　　　　国家体育总局体育科学研究所
　　编　　著　路瑛丽　李　良
　　责任编辑　王若璇
　　责任印制　马振武

◆ 人民邮电出版社出版发行　　北京市丰台区成寿寺路 11 号
　　邮编　100164　　电子邮件　315@ptpress.com.cn
　　网址　https://www.ptpress.com.cn
　　三河市君旺印务有限公司印刷

◆ 开本：700×1000　1/16
　　印张：9.25　　　　　　　　2023 年 8 月第 1 版
　　字数：202 千字　　　　　　2025 年 9 月河北第 5 次印刷

定价：58.00 元

读者服务热线：(010)81055296　印装质量热线：(010)81055316
反盗版热线：(010)81055315

编委会

在线视频访问说明

本书提供了第 4 章部分练习的在线视频，可通过微信"扫一扫"，扫描每章第 1 页或图 1 所示的二维码进行观看。

● **步骤1**
点击微信聊天界面右上角的"+"，弹出功能菜单（图 2）。

● **步骤2**
点击弹出的功能菜单上的"扫一扫"，进入该功能界面。扫描每章第 1 页或图 1 所示的二维码，扫描后可直接观看视频（图 3）。

图1

图2   图3

扫描右方二维码添加企业微信。
1. 首次添加企业微信，即刻领取免费电子资源。
2. 加入体育爱好者交流群。
3. 不定期获取更多图书、课程、讲座等知识服务产品信息，以及参与直播互动、在线答疑和与专业导师直接对话的机会。

CONTENTS
目录

第 4 章　柔韧性练习

第 5 章　柔韧性训练计划

第 1 章

柔韧性基础知识

1.1

柔韧性的定义和影响因素

定义

柔韧性指肌肉、韧带、肌腱和其他组织所具备的延展性，反映人体在全活动范围内移动的能力和在功能性动作中的神经肌肉效率。它是美国运动医学会（ACSM）提出的四大健康体能指标之一，是衡量我们健康水平的重要指标。如果缺乏良好的柔韧性，不仅难以高效完成日常生活和体育运动中的很多动作，还容易发生损伤。

• 柔韧性的分类 •

分类原则	分类
运动状态	静态柔韧性、动态柔韧性
用力主体	主动柔韧性、被动柔韧性
与专项的关系	一般柔韧性、专项柔韧性
身体部位	肩部柔韧性、髋部柔韧性等

● 静态柔韧性与动态柔韧性

个体在静力动作中能达到的活动范围被称为静态柔韧性，在动态运动中能达到的活动范围被称为动态柔韧性。静态柔韧性是动态柔韧性的基础。也就是说，个体在静力动作中能达到的活动范围，决定了其在动态运动中所能达到的活动范围的最低限度，这意味着个体的动态柔韧性一般优于静态柔韧性。

● **主动柔韧性与被动柔韧性**

个体主动收缩肌肉所能达到的活动范围被称为主动柔韧性，在外力协助下所能达到的活动范围被称为被动柔韧性。被动柔韧性主要反映被拉伸肌肉的伸展能力和对拉伸的忍耐力，主动柔韧性则同时反映了被拉伸肌肉的伸展能力和主动肌的收缩能力。通常来说，个体在外力的协助下能达到更大的活动范围，即被动柔韧性优于主动柔韧性。

● **一般柔韧性与专项柔韧性**

个体在进行各类基本运动（如行走、跑步、跳跃、投掷等）时，身体能达到的活动范围被称为一般柔韧性，在不同运动项目的技术动作中所能达到的活动范围被称为专项柔韧性。这两类柔韧性是完成日常生活和专项运动任务的基础，能帮助个体提升做基本运动和专项技术动作时的表现，远离损伤。如果个体不具备某类运动或某个动作所要求的柔韧性，一定不能强迫自己去完成该运动或动作。

● **身体不同部位的柔韧性**

身体不同部位的柔韧性指身体各个部位能达到的活动范围，包括肩部柔韧性、髋部柔韧性、腰部柔韧性和下肢柔韧性等。身体不同部位的柔韧性同样是这些部位高效、安全地参与运动的基础。但值得注意的是，每个部位都有自己合理的活动范围，其活动幅度不应超过这个范围，否则会使关节的稳定性下降，导致个体在运动中受伤的风险提升。根据迈克·鲍伊尔的"关节交替关节"理论，身体不同关节对于稳定性和灵活性的需求是交替的，只有它们具有合理的活动范围，才能更好地支撑个体的运动。

• "关节交替关节"理论 •

关节	需求
踝	灵活性
膝	稳定性
髋	灵活性
腰椎	稳定性
胸椎	灵活性
肩胛胸廓关节	稳定性

影响因素

● 关节结构

关节结构决定了关节的活动范围。肩关节属于球窝关节，是人体最灵活、活动范围最大的关节，能够在所有运动平面内活动；膝关节属于滑车关节，只能在矢状面做屈伸活动，关节活动度明显小于球窝关节。

● 结缔组织

肌腱、韧带、筋膜等都可能影响关节的活动范围。结缔组织的弹性（在被动拉伸后恢复到最初静息长度的能力）和塑性（在被动拉伸后维持新的更长长度的能力）是影响柔韧性的关键因素。

● 肌肉体积

肌肉体积超过一定大小后，就会阻碍关节的正常活动，使关节无法进行幅度更大的屈伸或转动，从而对人体的柔韧性产生负面影响。比如一些健美运动员的手臂、肩部很粗壮，这使他们很难摸到自己的后背。但肌肉体积增大的目的是提升运动表现，因此我们要平衡其与柔韧性的关系。

● 年龄

一般来说，幼童具有很好的柔韧性。实验表明，人在不到10岁时进行柔韧性训练效果最好；在10~12岁时，个体的柔韧性仍有较高的可塑性；在13~15岁时，人体进入快速成长阶段，随之而来的是身高、力量及肌肉体积的迅速增长，这些现象基本都会对柔韧性造成消极的影响；在16~20岁时，个体的柔韧性趋于稳定，此时需要进一步保持和提高柔韧性。年龄持续增长，人体自然衰老的过程使得肌肉和神经萎缩、组织僵硬和脱水等，导致柔韧性下降。其中，颈部、肩部和躯干的活动范围变化最为明显。

● **性别**

在柔韧性方面，女性普遍优于男性，其主要原因为两性身体结构和解剖学上的区别。男性的肌纤维长，横截面积大，3/4的肌纤维强而有力；相比而言，女性只有 1/2 的肌纤维强而有力，因此具有更好的关节灵活性。但躯干是个例外，男性躯干的活动范围一般比女性更大。

● **固定姿势**

人体原本处于一种高效运转的平衡状态，但如果长期保持一个固定的姿势，这种平衡就会被打破，整个身体的运作方式就会发生变化，柔韧性也会降低。固定姿势既包括工作、学习时的久站、久坐等，也包括运动、健身时姿势的保持和动作的重复，还包括受伤后的制动措施。最糟糕的固定姿势就是异常姿势和动作的重复，这极易导致动作效率的进一步降低，形成恶性循环。

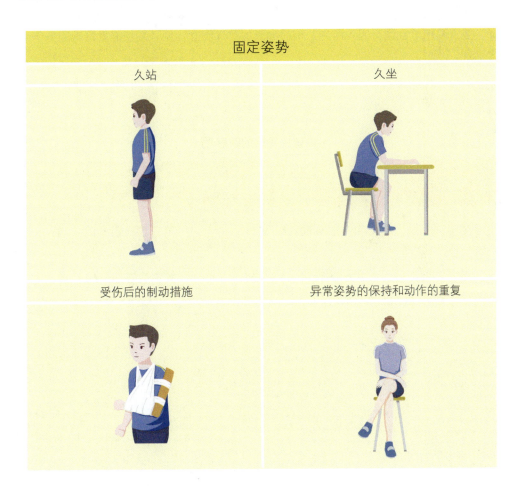

固定姿势	
久站	久坐
受伤后的制动措施	异常姿势的保持和动作的重复

1.2

柔韧性发展的敏感期

柔韧性的发展具有阶段性特点，其在不同时期内的变化规律是不同的。各项身体素质发展的高峰期一般称为敏感期或窗口期，是应该重点关注与把握的关键时期。根据符合目前主流观念的运动员长期发展模型，柔韧性的发展存在两个敏感期。但需要注意的是，身体素质的发展同时具有个性化特点，不同个体在同一年龄段的发展可能有所不同，所以在制订训练计划时，老师或教练一定要首先分析个体发展的实际情况，并贯彻科学合理、因人而异、有的放矢的教学理念，使计划能够更好地服务于个体本身。

• 柔韧性发展的敏感期 •

性别	柔韧性发展的敏感期出现时间	
男生	第一敏感期：5~8岁	第二敏感期：12~14岁
女生	第一敏感期：4~7岁	第二敏感期：11~13岁

1.3

进行柔韧性训练的意义

● 保养身体组织

在运动前后完成适量的柔韧性训练，可以达到充分热身、放松肌肉、减轻疲劳、避免肌肉痉挛的效果。此外，经常进行合理的柔韧性训练还可以对肌肉、韧带、血管壁和皮肤起到保养作用，从而减慢它们的衰老速度，使它们保持更长时间的良好状态。

● 降低受伤概率

在日常生活和专项运动中，如果个体不具备运动技能或专项动作所要求的关节活动范围，受伤的概率就会大大增加。此外，身体各个部位的柔韧性失衡也会造成动作的僵硬和不规范，使受伤的风险明显提高。

● 纠正肌肉失衡

肌肉失衡会导致身体形态和姿势的改变，典型的如圆肩驼背、骨盆前倾等。拉伸紧张肌群可使肌肉恢复正常功能和长度，有助于优化体态并消除由不良体态引发的疼痛等问题。

● 提升运动效率

柔韧性训练能够使肌肉维持在适合运动的最佳长度，增大关节的活动范围与幅度。它既可以让动作更加敏捷、协调，从而使个体产生更高效的肌肉活动和更流畅的运动；又有助于个体在更大的运动范围内发挥最大力量，从而满足专项运动的需求；还有助于增加个体的发力时间，从而增大运动冲量，提升爆发力。

● 达到课标要求

参考柔韧性发展的敏感期分布情况，想要科学、合理地发展柔韧性，最好从儿童青少年时期便开始进行相关训练。其中，特别要重视中低年级小学生的柔韧性发展。根据《义务教育体育与健康课程标准（2022年版）》，处于水平二的学生应体验并知道发展柔韧性的多种练习方法；处于水平三的学生应了解并运用发展上肢、下肢与腰腹柔韧性的基础知识和多种练习方法；处于水平四的学生应理解并运用发展柔韧性的基本原理和多种练习方法。根据《普通高中体育与健康课程标准（2017年版）》，高中生应掌握并运用发展上肢、下肢、肩部、腰腹和躯干柔韧性的基本原理和多种练习方法。此外，按照《国家学生体质健康标准（2014年修订）》，不同年级的学生应该具备相应的柔韧性，具体要求参考后文的表格。

• 各水平等级的柔韧性要求 •

水平等级	柔韧性要求
水平二	体验并知道发展柔韧性的多种练习方法 如横叉、纵叉、仰卧推起成桥、握杆转肩、体侧屈和坐位体前屈等
水平三	了解并运用发展上肢、下肢与腰腹柔韧性的基础知识和多种练习方法 如坐位体前屈、体侧屈、跪姿肩部拉伸、横叉、纵叉和站姿小腿肌群拉伸等
水平四	理解并运用发展柔韧性的基本原理和多种练习方法 如坐位体前屈、体侧屈、压肩和压腿等
高中	掌握并运用发展上肢、下肢、肩部、腰腹和躯干柔韧性的基本原理和多种练习方法 如坐位体前屈、压腿、静态拉伸和动态拉伸等

小学男生坐位体前屈测试评分表（单位：厘米）

等级	单项得分	一年级	二年级	三年级	四年级	五年级	六年级
优秀	100	16.1	16.2	16.3	16.4	16.5	16.6
	95	14.6	14.7	14.9	15.0	15.2	15.3
	90	13.0	13.2	13.4	13.6	13.8	14.0
良好	85	12.0	11.9	11.8	11.7	11.6	11.5
	80	11.0	10.6	10.2	9.8	9.4	9.0
及格	78	9.9	9.5	9.1	8.6	8.2	7.7
	76	8.8	8.4	8.0	7.4	7.0	6.4
	74	7.7	7.3	6.9	6.2	5.8	5.1
	72	6.6	6.2	5.8	5.0	4.6	3.8
	70	5.5	5.1	4.7	3.8	3.4	2.5
	68	4.4	4.0	3.6	2.6	2.2	1.2
	66	3.3	2.9	2.5	1.4	1.0	−0.1
	64	2.2	1.8	1.4	0.2	−0.2	−1.4
	62	1.1	0.7	0.3	−1.0	−1.4	−2.7
	60	0.0	−0.4	−0.8	−2.2	−2.6	−4.0
不及格	50	−0.8	−1.2	−1.6	−3.2	−3.6	−5.0
	40	−1.6	−2.0	−2.4	−4.2	−4.6	−6.0
	30	−2.4	−2.8	−3.2	−5.2	−5.6	−7.0
	20	−3.2	−3.6	−4.0	−6.2	−6.6	−8.0
	10	−4.0	−4.4	−4.8	−7.2	−7.6	−9.0

小学女生坐位体前屈单项评分表（单位：厘米）

等级	单项得分	一年级	二年级	三年级	四年级	五年级	六年级
优秀	100	18.6	18.9	19.2	19.5	19.8	19.9
	95	17.3	17.6	17.9	18.1	18.5	18.7
	90	16.0	16.3	16.6	16.9	17.2	17.5
良好	85	14.7	14.8	14.9	15.0	15.1	15.2
	80	13.4	13.3	13.2	13.1	13.0	12.9
及格	78	12.3	12.2	12.1	12.0	11.9	11.8
	76	11.2	11.1	11.0	10.9	10.8	10.7
	74	10.1	10.0	9.9	9.8	9.7	9.6
	72	9.0	8.9	8.8	8.7	8.6	8.5
	70	7.9	7.8	7.7	7.6	7.5	7.4
	68	6.8	6.7	6.6	6.5	6.4	6.3
	66	5.7	5.6	5.5	5.4	5.3	5.2
	64	4.6	4.5	4.4	4.3	4.2	4.1
	62	3.5	3.4	3.3	3.2	3.1	3.0
	60	2.4	2.3	2.2	2.1	2.0	1.9
不及格	50	1.6	1.5	1.4	1.3	1.2	1.1
	40	0.8	0.7	0.6	0.5	0.4	0.3
	30	0.0	−0.1	−0.2	−0.3	−0.4	−0.5
	20	−0.8	−0.9	−0.1	−1.1	−1.2	−1.3
	10	−1.6	−1.7	−1.8	−1.9	−2.0	−2.1

中学男生坐位体前屈单项评分表（单位: 厘米）

等级	单项得分	初一	初二	初三	高一	高二	高三
优秀	100	17.6	19.6	21.6	23.6	24.3	24.6
	95	15.9	17.7	19.7	21.5	22.4	22.8
	90	14.2	15.8	17.8	19.4	20.5	21.0
良好	85	12.3	13.7	15.8	17.2	18.3	19.1
	80	10.4	11.6	13.8	15.0	16.1	17.2
及格	78	9.1	10.3	12.4	13.6	14.7	15.8
	76	7.8	9.0	11.0	12.2	13.3	14.4
	74	6.5	7.7	9.6	10.8	11.9	13.0
	72	5.2	6.4	8.2	9.4	10.5	11.6
	70	3.9	5.1	6.8	8.0	9.1	10.2
	68	2.6	3.8	5.4	6.6	7.7	8.8
	66	1.3	2.5	4.0	5.2	6.3	7.4
	64	0.0	1.2	2.6	3.8	4.9	6.0
	62	−1.3	−0.1	1.2	2.4	3.5	4.6
	60	−2.6	−1.4	−0.2	1.0	2.1	3.2
不及格	50	−3.8	−2.6	−1.4	0.0	1.1	2.2
	40	−5.0	−3.8	−2.6	−1.0	0.1	1.2
	30	−6.2	−5.0	−3.8	−2.0	−0.9	0.2
	20	−7.4	−6.2	−5.0	−3.0	−1.9	−0.8
	10	−8.6	−7.4	−6.2	−4.0	−2.9	−1.8

中学女生坐位体前屈单项评分表（单位：厘米）

等级	单项得分	初一	初二	初三	高一	高二	高三
优秀	100	21.8	22.7	23.5	24.2	24.8	25.3
	95	20.1	21.0	21.8	22.5	23.1	23.6
	90	18.4	19.3	20.1	20.8	21.4	21.9
良好	85	16.7	17.6	18.4	19.1	19.7	20.2
	80	15.0	15.9	16.7	17.4	18.0	18.5
及格	78	13.7	14.6	15.4	16.1	16.7	17.2
	76	12.4	13.3	14.1	14.8	15.4	15.9
	74	11.1	12.0	12.8	13.5	14.1	14.6
	72	9.8	10.7	11.5	12.2	12.8	13.3
	70	8.5	9.4	10.2	10.9	11.5	12.0
	68	7.2	8.1	8.9	9.6	10.2	10.7
	66	5.9	6.8	7.6	8.3	8.9	9.4
	64	4.6	5.5	6.3	7.0	7.6	8.1
	62	3.3	4.2	5.0	5.7	6.3	6.8
	60	2.0	2.9	3.7	4.4	5.0	5.5
不及格	50	1.2	2.1	2.9	3.6	4.2	4.7
	40	0.4	1.3	2.1	2.8	3.4	3.9
	30	−0.4	0.5	1.3	2.0	2.6	3.1
	20	−1.2	−0.3	0.5	1.2	1.8	2.3
	10	−2.0	−1.1	−0.3	0.4	1.0	1.5

第 2 章

柔韧性测试方法

抓背测试

■ 目的

评估上肢（肩部）柔韧性。

■ 器材

直尺。

■ 步骤

01 受试者一侧手臂向上伸直，举过头顶，之后向后屈肘，让手心贴近背部，并努力向下移动；对侧手臂从下方伸向背后，向上屈肘，让手背贴近背部，并努力向上移动。

02 受试者尽量让两手的中指相互靠近，直至达到自己的极限并保持住。

03 测量两手中指指尖的距离，其中重叠和未触碰到的数据要有所区分。完成一次测试后，以同样的标准再进行一次测试，选最好的一次作为最终成绩并记录。换对侧重复。

■ 数据

使用直尺进行测量，记录两手中指重叠的长度或两手中指指尖间的距离，精确到1厘米。两手中指重叠的长度用正值表示，两手中指指尖间的距离用负值表示。

■ 提示

> ❯ 测试者用直尺进行测量时，受试者双手应保持静止，不能随意移动。

2.2

坐位体前屈测试

目的

评估下背部、髋部和腿部后侧的综合柔韧性。

器材

直尺、瑜伽垫、约20厘米高的箱子、胶布。

步骤

01 将直尺置于箱子的上表面，使直尺垂直于箱子的一边且 0 刻度在箱子之外，用胶布固定直尺。将瑜伽垫置于直尺 0 刻度所在的箱子一侧。受试者坐于垫上，双腿伸直，双脚抵在箱子侧面。双臂和双手伸直，平行于地面并向前移动至极限。

02 记录此时双手中指触及的直尺刻度，用其减去箱子边缘的直尺刻度，所得长度即为测试成绩。完成一次测试后，以同样的标准再进行一次测试，选最好的一次作为最终成绩并记录。

数据

记录双臂和双手向前移动至极限时双手触及的直尺刻度，然后用其减去箱子边缘的直尺刻度，得到测试成绩，精确到0.1厘米。正值表示双手向前越过箱子边缘，负值表示双手未越过箱子边缘。

提示

▶ 受试者双臂和双手向前移动时，上半身可前倾，但双腿和双脚应保持不动。双腿屈曲或双脚离开箱子，均属于犯规行为，需重新进行测试。

▶ 读取受试者双手触及的直尺刻度时，其双臂和双手应保持静止。

2.3

全身旋转测试

目的

测量全身旋转时相关关节的灵活性。

器材

两把直尺、胶布。

步骤

01 将两把直尺一上一下置于墙壁上，使它们与地面平行，与受试者赤脚站立时的肩部齐高。0刻度分别在两端且两把直尺的40厘米刻度对齐。用胶布固定直尺。在地面上贴一段胶布（约20厘米长），使其垂直于墙壁且与直尺的40厘米刻度对齐，胶布距离墙壁一臂距离。

02 受试者赤脚站于胶布后方，脚尖接触胶布。远离墙壁的手臂侧平举，手握拳。

03 身体向远离墙壁的一侧旋转，记录小指关节触及的直尺最大刻度。完成一次测试后，以同样的标准再进行两次测试，选最好的一次作为最终成绩并记录。换对侧重复。

数据

记录远离墙壁的手的小指关节触及的直尺最大刻度，得到测试成绩，精确到0.1厘米。

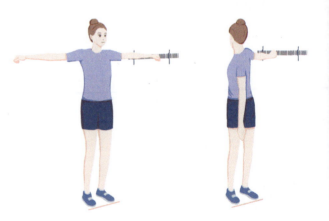

提示

> 受试者脚尖始终不得越过地面的胶布。
> 读取受试者小指关节触及的直尺刻度时，其手臂和手应保持静止。

第 3 章

柔韧性训练概述

3.1

柔韧性训练方法

肌筋膜放松

肌筋膜放松是专注于神经与筋膜系统的一种柔韧性训练方法，专注于缓解肌筋膜扳机点及肌肉内过度兴奋的部位。一旦确定了敏感区域，就可以将泡沫轴放在该区域按压并保持30秒。

动态拉伸

动态拉伸利用肌肉产生的力和身体的动量，在整个可活动范围内移动关节。

静态拉伸

静态拉伸结合了低强度和长时间的运动。这种柔韧性训练方法可提高软组织延展性，使肌肉伸长并放松。正确地进行静态拉伸需要在第1个紧张点或阻力临界点保持30秒。

本体感觉神经肌肉促进拉伸

本体感觉神经肌肉促进拉伸过程中，专业人员被动地移动拉伸者的肢体，直至到达第1个阻力点。然后，拉伸者用最大主动收缩力的25%持续收缩7~15秒，短暂的等长收缩后放松肌肉，在专业人员的协助下将该肢体带入新创建的活动范围，并保持30秒。

3.2

柔韧性训练器材

助力带

助力带是协助拉伸的有效工具。它既可以协助使用者进行被动拉伸，提高拉伸的程度，又可以协助使用者进行一些暂时无法完成的拉伸，降低拉伸的难度。助力带能够满足不同的拉伸需求，使用者可根据自身情况进行选择。在没有助力带的情况下，可用弹力带替代。

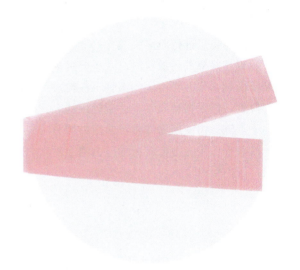

泡沫轴

泡沫轴是进行肌筋膜放松的有效工具。利用泡沫轴进行放松时，将其置于待放松部位的下方，然后移动身体，让泡沫轴滚动。常见的泡沫轴由压缩泡沫制成，表面平坦或有凸起，后者能提供更大的压力，有助于触及更深层的组织。

器材使用注意事项

　　压力并非越大越好，有时，压力过大反而有可能对组织造成损伤，或让使用者因疼痛而产生逃避情绪。使用者应充分考虑自身的身体情况，以轻微疼痛为标准，选择合适的训练器材。

按摩棒

　　按摩棒也是进行肌筋膜放松的有效工具。利用按摩棒进行放松时，双手分别持按摩棒两端，用力将中间的滚轴压在待放松部位上，然后移动双手，让滚轴滚动。不同于泡沫轴由使用者体重提供压力的方式，按摩棒作用在放松部分的压力由双手提供，压力相对较小。

筋膜球

　　筋膜球是球形的肌筋膜放松工具。它与待放松部位的接触面积相对较小，能模拟人体的手肘和手掌，对较小的肌肉进行松解并提供较大的单点压力。利用筋膜球进行放松时，将其置于待放松部位，通过身体或手部来施加压力。放松时，可以使筋膜球在待放松部位进行小范围的滚动，也可以用力按压待放松部位。筋膜球有不同的尺寸，表面平坦或有凸起，使用者可根据需求进行选择。

3.3

柔韧性训练注意事项

遵循科学方案

不管进行哪种类型的训练，都应摒弃揠苗助长、一步登天的思想，一定要遵循循序渐进的原则，根据自身的特点和训练情况逐步增加训练强度、提高训练难度，并合理安排训练时间，坚持不懈地进行训练。对于柔韧性训练来说，一周3~4次的训练频率较为合理，除非发生特殊情况，否则全年都应该保持此频率。而对于柔韧性较差的部位，个体应该增加针对该部位的练习，但一定要在自身承受范围内进行，以防拉伤肌肉。

静态拉伸应该按照自下到上、从大到小的顺序进行。人体在运动了一段时间后，血液会因为重力作用而大量聚集在下肢扩张的静脉与毛细血管网内。所以在运动后需要先对下肢进行拉伸放松，再到躯干与上肢，从而让静脉血更好地回流。此外，也要综合考虑运动后大肌肉群的紧张程度对关节活动范围的直接影响，所以在拉伸时，需先对大肌肉群进行静态拉伸，以达到更好的放松效果。注意，在发展自身柔韧性的同时，也要适当强化肌肉力量，让两者相互适应。

掌握练习要点

以正确的动作模式和合理的频率、强度等进行训练，有助于身体以更加科学的方式进行运动，提升动作效率，降低损伤频率，让训练更加安全、高效。

柔韧性训练的动作看似简单，实则有很多需要注意的细节，一旦忽视，不仅难以达到训练目标，还容易受伤。因此，个体在训练前需要进行相关的练习，了解应达到的动作幅度、应具有的拉伸或按压感觉、应持续的时间等。拉伸幅度过大非常容易造成肌肉拉伤，比较推荐的幅度是使目标肌肉具有中等程度的牵拉感。此外，进行需要他人协助的被动拉伸时，应寻求专业人士的帮助。

重视热身和放松

在开始任何运动之前，都应进行充分的热身。一方面，热身能够提升体温，活动关节；另一方面，热身能让身体以相对较低的运动强度进行接下来的运动，从而让身体做好准备，有效提升运动表现并降低受伤的风险。热身通常包括一般热身和专项热身，前者的重点是提升体温和活动关节，后者的重点是预先练习动作模式。在开始柔韧性训练之前，个体可做一些热身练习，以提升体温，增加肌肉和肌腱内胶原蛋白的弹性，从而增加拉伸幅度。值得注意的是，不能将静态拉伸作为热身练习，否则会降低接下来的运动表现，可通过动态拉伸进行热身。

在任何运动结束之后，个体都应进行较低强度的放松练习，让体温和心率逐渐下降，身体慢慢恢复，同时促进体内代谢废物的排出。在这一阶段，可通过静态拉伸和神经肌肉本体感觉促进（PNF）拉伸对肌肉进行放松。运动结束后，肌肉和筋膜的柔韧性有所提升，此时进行较高程度的持续拉伸更加安全，受益也更多。

重视监督和反馈

对儿童青少年的训练过程进行监督，并根据他们的语言和动作反馈来判断动作及强度是否合适，是确保训练高效、安全的重要途径。

监督员应由具有体能训练经验的专业人员担任，且熟悉儿童青少年当节训练课所包含的动作，以便能及时发现并纠正儿童青少年存在的技术错误，并提供必要的保护。

反馈是一个相互的过程：监督员要通过反馈让儿童青少年了解自身动作的完成情况，并适时给予鼓励；儿童青少年要通过反馈让监督员了解自身的训练感觉，从而让监督员根据儿童青少年的训练状态判断当前动作、强度是否合理，以做出合适的调整。监督员一定要在训练前告知儿童青少年及时反馈的重要性，切忌在身体不适的情况下逞强。

柔韧性训练存在肌肉拉伤的风险，尤其是在被动拉伸时，监督员应同时充当协助者的角色，与儿童青少年即时沟通，了解他们的身体情况，让训练在达到预期效果的同时，拉伸强度不会超过身体的承受范围。

反馈

监督员

儿童青少年

确保训练安全

训练前,应选择安全的环境,活动空间大、通风性能好、温度和湿度适中的环境能极大地降低危险发生的概率;检查地面和器材,保证地面无任何可能导致跌倒、划伤的危险物品,确保器材安全、完好,可以放心使用。

训练时,应身穿舒适、合身、有弹性的服装,且要提前确定周围环境的安全后再进行训练。合身或弹性较大的运动服和合适的运动鞋有助于提升活动范围,使儿童青少年以更高的效率进行训练。

此外,前文提到的遵循科学方案、重视监督和反馈等也都是确保训练安全的重要措施。在训练开始之前,也应提前进行相应的规划,细心检查场地器材,并就安全事项进行提醒;还应注意,不宜在早晨和冬天进行强度较大的拉伸训练。

提升训练兴趣

采用多种措施提升儿童青少年的训练兴趣有助于他们坚持训练,养成规律运动的习惯。一方面,应帮助他们充分了解定期进行身体训练的益处和必要性,形成积极的引导,让他们从思想上重视和接受身体训练。另一方面,训练安排应让儿童青少年感到有趣且具有一定的挑战性,不能让他们因过于劳累而产生厌烦、抵触情绪。例如,尽可能安排简单但多样的练习,采用游戏或比赛等组织形式,采取适当的激励措施等。

第 4 章

柔韧性练习

4.1 ▶ 肌筋膜放松练习

按摩棒–胫骨前肌

01 坐于垫上，一侧腿伸直，对侧腿屈曲，双手持按摩棒并将其放在屈曲腿小腿前侧。

02 双手给按摩棒一定的压力并使按摩棒在小腿前侧来回滚动，滚动时在肌肉酸痛点上停留一定时间，滚动速度不要过快。来回滚动至规定时间后，换另一侧重复。

器材 ▶ 按摩棒、瑜伽垫

主要部位 ▶ 小腿

主要肌肉 ▶ 胫骨前肌

要点

滚压的重点在于小腿胫骨前肌，避免在骨骼上来回滚压。在肌肉酸痛点停留时，注意均匀呼吸。待酸痛感减少后，继续滚压。

4.1 ▶ 肌筋膜放松练习

按摩棒 – 小腿后侧肌群

01

坐于垫上，一侧腿伸直，对侧腿屈曲，双手持按摩棒并将其放在屈曲腿小腿后侧。

02

双手给按摩棒一定的压力并使按摩棒在小腿后侧来回滚动，滚动时在肌肉酸痛点上停留一定时间，滚动速度不要过快。来回滚动至规定时间后，换另一侧重复。

> **要点**
>
> 在肌肉酸痛点停留时，注意均匀呼吸。待酸痛感减少后，继续滚压。

器材 ▶ 按摩棒、瑜伽垫

主要部位 ▶ 小腿

主要肌肉 ▶ 腓肠肌、比目鱼肌

按摩棒 – 腓肠肌外侧

01

坐于垫上，一侧腿伸直，对侧腿屈曲，屈曲腿稍微内旋，双手持按摩棒并将其放在屈曲腿小腿外侧。

02

双手给按摩棒一定的压力并使按摩棒在屈曲腿小腿外侧来回滚动，滚动时在肌肉酸痛点上停留一定时间。来回滚动至规定时间后，换另一侧重复。

要点

滚压的重点在于小腿腓肠肌外侧，避免在骨骼上来回滚压。在肌肉酸痛点停留时，注意均匀呼吸。待酸痛感减少后，继续滚压。

器材 按摩棒、瑜伽垫

主要部位 小腿

主要肌肉 腓肠肌外侧

4.1 肌筋膜放松练习

按摩棒 – 腓肠肌内侧

01

坐于垫上，一侧腿伸直，对侧腿屈曲，屈曲腿稍微外旋，双手持按摩棒并将其放在屈曲腿小腿内侧。

02

双手给按摩棒一定的压力并使按摩棒在屈曲腿小腿内侧来回滚动，滚动时在肌肉酸痛点上停留一定时间。来回滚动至规定时间后，换另一侧重复。

器材 ➤ 按摩棒、瑜伽垫

主要部位 ➤ 小腿

主要肌肉 ➤ 腓肠肌内侧

要点

滚压的重点在于小腿腓肠肌外侧，避免在骨骼上来回滚压。在肌肉酸痛点停留时，注意均匀呼吸。待酸痛感减少后，继续滚压。

4.1 ▶ 肌筋膜放松练习

按摩棒 – 内收肌

01

双腿前后分开，呈半跪姿，双手持按摩棒并将其放在前侧大腿内侧。

02

双手给按摩棒一定的压力并使按摩棒在前侧大腿内侧来回滚动，滚动时在肌肉酸痛点上停留一定时间。来回滚动至规定时间后，换另一侧重复。

器材 ▶ 按摩棒、瑜伽垫

主要部位 ▶ 大腿

主要肌肉 ▶ 内收肌

要点

在肌肉酸痛点停留时，注意均匀呼吸。待酸痛感减少后，继续滚压。滚压时，核心收紧，身体不要来回晃动。

4.1 ▶ 肌筋膜放松练习

按摩棒 – 髂胫束

01

双腿前后分开，呈半跪姿，双手持按摩棒并将其放在前侧大腿外侧。

器材 ▶ 按摩棒、瑜伽垫

主要部位 ▶ 大腿

主要肌肉 ▶ 髂胫束

02

双手给按摩棒一定的压力并使按摩棒在前侧大腿外侧来回滚动，滚动时在肌肉酸痛点上停留一定时间。来回滚动至规定时间后，换另一侧重复。

要点

在肌肉酸痛点停留时，注意均匀呼吸。待酸痛感减少后，继续滚压。滚压时，核心收紧，身体不要来回晃动。

按摩棒 - 腘绳肌

01 双腿前后分开，呈半跪姿，双手持按摩棒并将其放在前侧大腿后侧。

> **要点**
>
> 在肌肉酸痛点停留时，注意均匀呼吸。待酸痛感减少后，继续滚压。滚压时，核心收紧，身体不要来回晃动。

02

双手给按摩棒一定的压力并使按摩棒在前侧大腿后侧来回滚动，滚动时在肌肉酸痛点上停留一定时间。来回滚动至规定时间后，换另一侧重复。

器材 按摩棒、瑜伽垫

主要部位 大腿

主要肌肉 腘绳肌

按摩棒－股四头肌

01 双腿前后分开，呈半跪姿，双手持按摩棒并将其放在前侧大腿前侧。

要点

在肌肉酸痛点停留时，注意均匀呼吸。待酸痛感减少后，继续滚压。滚压时，核心收紧，身体不要来回晃动。

02 双手给按摩棒一定的压力并使按摩棒在前侧大腿前侧来回滚动，滚动时在肌肉酸痛点上停留一定时间。来回滚动至规定时间后，换另一侧重复。

器材 ➤ 按摩棒、瑜伽垫

主要部位 ➤ 大腿

主要肌肉 ➤ 股四头肌

泡沫轴－小腿后侧肌群

01

身体呈坐姿，双臂伸直撑于体后，双腿交叠自然伸直，泡沫轴置于小腿下方靠近踝关节的位置。

器材 ➤	泡沫轴、瑜伽垫
主要部位 ➤	小腿
主要肌肉 ➤	腓肠肌、比目鱼肌

02

双手推地移动身体，使泡沫轴在小腿踝关节与膝关节腘窝间来回滚动，滚动时在肌肉酸痛点上停留一定时间。来回滚动至规定的时间，换另一侧重复。

要点

若滚压时，肌肉过于疼痛，则双腿不要叠放，以减少滚压力度。在肌肉酸痛点停留时，注意均匀呼吸。待酸痛感减少后，继续滚压。

4.1 肌筋膜放松练习

泡沫轴 – 胫骨前肌

01

身体呈俯撑姿，双臂伸直支撑于垫面，屈髋屈膝，将泡沫轴置于小腿前侧靠近膝关节的位置。

要点

滚压的重点在于小腿胫骨前肌，避免在骨骼上来回滚压。在肌肉酸痛点停留时，注意均匀呼吸。待酸痛感减少后，继续滚压。

器材 → 泡沫轴、瑜伽垫

主要部位 → 小腿

主要肌肉 → 胫骨前肌

02

双手推地带动身体移动，使泡沫轴在踝关节与膝关节之间来回滚动，滚动时在肌肉酸痛点上停留一定时间。来回滚动至规定的时间。

4.1 **肌筋膜放松练习**

泡沫轴－髂胫束

01

身体呈侧卧姿，将泡沫轴置于一侧髋关节外侧的下方。双臂伸直，双手分开。压住泡沫轴的腿伸直，另一侧腿屈髋屈膝置于身体前方。

器材 ▶ 泡沫轴、瑜伽垫

主要部位 ▶ 大腿

主要肌肉 ▶ 髂胫束

02

屈曲腿蹬地，带动身体移动，使泡沫轴在髋关节外侧与膝关节外侧之间来回滚动，滚动时在肌肉酸痛点上停留一定时间。来回滚动至规定的时间，换另一侧重复。

要点

在肌肉酸痛点停留时，注意均匀呼吸。待酸痛感减少后，继续滚压。

4.1 ▶ 肌筋膜放松练习

泡沫轴 – 腘绳肌

01

身体呈坐姿，双臂伸直撑于体后。一侧腿伸直，泡沫轴置于大腿下方，另一侧腿屈曲置于滚压侧腿上。

器材 ▶ 泡沫轴、瑜伽垫

主要部位 ▶ 大腿

主要肌肉 ▶ 腘绳肌

要点

在肌肉酸痛点停留时，注意均匀呼吸。待酸痛感减少后，继续滚压。

02

双手推地使身体移动，使泡沫轴在坐骨结节与膝关节腘窝之间来回滚动，滚动时在肌肉酸痛点上停留一定时间。来回滚动至规定的时间，换另一侧重复。

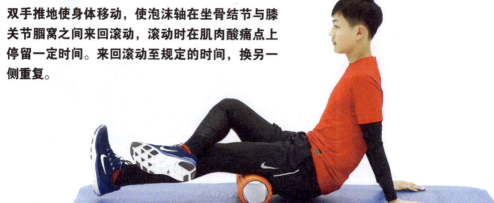

4.1 肌筋膜放松练习

泡沫轴－股四头肌

01

身体呈俯卧姿，双臂屈肘支撑，前臂贴垫面。泡沫轴置于一侧大腿前侧下方，对侧脚置于滚压侧脚踝上。

器材 ➤ 泡沫轴、瑜伽垫

主要部位 ➤ 大腿

主要肌肉 ➤ 股四头肌

02

双臂发力带动身体移动，使泡沫轴在骨盆与膝关节上方之间来回滚动，滚动时在肌肉酸痛点上停留一定时间。来回滚动至规定的时间，换另一侧重复。

要点

在肌肉酸痛点停留时，注意均匀呼吸。待酸痛感减少后，继续滚压。

4.1 ▶ 肌筋膜放松练习

泡沫轴－阔筋膜张肌

01 身体呈侧卧姿，将泡沫轴置于一侧髋关节外侧的偏前方。双臂伸直，双手分开撑于垫面。压住泡沫轴的腿伸直，另一侧腿屈髋屈膝置于身体前方。

器材 ▶ 泡沫轴、瑜伽垫

主要部位 ▶ 大腿

主要肌肉 ▶ 阔筋膜张肌

02 屈曲腿蹬地，带动身体移动，使泡沫轴在髂前上棘与髂胫束起点之间来回滚动，滚动时在肌肉酸痛点上停留一定时间。来回滚动至规定的时间，换另一侧重复。

要点

在肌肉酸痛点停留时，注意均匀呼吸。待酸痛感减少后，继续滚压。

4.1 ▶ 肌筋膜放松练习

泡沫轴－内收肌

01

身体呈俯卧姿，双臂屈肘支撑，前臂贴垫面。一侧腿自然伸直，另一侧腿屈曲并外展，泡沫轴置于滚压侧大腿下方。

器材 ▶	泡沫轴、瑜伽垫
主要部位 ▶	大腿
主要肌肉 ▶	内收肌

02

身体移动，使泡沫轴在骨盆与膝关节内侧之间来回滚动，滚动时在肌肉酸痛点上停留一定时间。来回滚动至规定的时间，换另一侧重复。

要点

在肌肉酸痛点停留时，注意均匀呼吸。待酸痛感减少后，继续滚压。

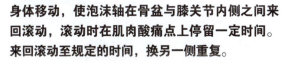

4.1 肌筋膜放松练习

泡沫轴－臀中肌

01 身体呈侧卧姿，一侧手撑垫。撑垫手的同侧腿伸直，臀部位于泡沫轴上。另一侧腿屈曲，脚撑于垫上，屈曲腿的同侧手扶屈曲腿的膝盖。

器材	泡沫轴、瑜伽垫
主要部位	臀部
主要肌肉	臀中肌

要点

在肌肉酸痛点停留时，注意均匀呼吸。待酸痛感减少后，继续滚压。

02 身体移动，使泡沫轴在臀部来回滚动，滚动时在肌肉酸痛点上停留一定时间。来回滚动至规定的时间，换另一侧重复。

4.1 ▶ **肌筋膜放松练习**

泡沫轴 – 臀部肌群 – 单侧

01

身体呈仰卧姿，双臂伸直撑于体后。单腿屈髋屈膝支撑，另一侧腿屈曲置于支撑腿膝关节附近，泡沫轴置于臀部下方，双臂内旋，手指指向泡沫轴。

要点

在肌肉酸痛点停留时，注意均匀呼吸。待酸痛感减少后，继续滚压。

02

身体移动，使泡沫轴在一侧臀部来回滚动，滚动时在肌肉酸痛点上停留一定时间。来回滚动至规定的时间，换另一侧重复。

 器材 泡沫轴、瑜伽垫

主要部位 臀部

主要肌肉 臀大肌、臀中肌、臀小肌

41

4.1 ▶ 肌筋膜放松练习

泡沫轴－臀部肌群

01

身体呈仰卧姿，双臂伸直撑于体后。屈髋屈膝，泡沫轴置于臀部下方，双臂内旋，手指指向泡沫轴。

02

身体移动，使泡沫轴在臀部来回滚动，滚动时在肌肉酸痛点上停留一定时间。来回滚动至规定的时间。

器材 ▶ 泡沫轴、瑜伽垫

主要部位 ▶ 臀部

主要肌肉 ▶ 臀大肌、臀中肌、臀小肌

要点

在肌肉酸痛点停留时，注意均匀呼吸。待酸痛感减少后，继续滚压。

4.1 ▶ 肌筋膜放松练习

泡沫轴 – 下背部

01

身体呈仰卧姿，双腿屈膝，将泡沫轴放在背部下方。双臂交叉，环抱于体前，腹部收紧。

器材 ▶	泡沫轴、瑜伽垫
主要部位 ▶	背部
主要肌肉 ▶	背阔肌、竖脊肌

02

双腿屈伸蹬地，带动身体前后移动，使泡沫轴在中背部与腰骶部之间来回滚动，滚动时在肌肉酸痛点上停留一定时间。来回滚动至规定的时间。

要点

滚压下背部时需格外小心，背部应尽量挺直，滚压力度不应过大。在肌肉酸痛点停留时，注意均匀呼吸。待酸痛感减少后，继续滚压。

4.1 ▶ 肌筋膜放松练习

泡沫轴－背阔肌

01 屈膝坐于垫上，身体后倾，一侧臂向后自然伸直，掌心向上，泡沫轴置于同侧腋窝下方，对侧臂屈曲以支撑身体。

器材 ▶ 泡沫轴、瑜伽垫

主要部位 ▶ 背部

主要肌肉 ▶ 背阔肌

02 身体移动，使泡沫轴在下背部的一侧与腋窝之间来回滚动，滚动时在肌肉酸痛点上停留一定时间。来回滚压至规定的时间，换另一侧重复。

要点

在肌肉酸痛点停留时，注意均匀呼吸。待酸痛感减少后，继续滚压。

泡沫轴－上背部

01

身体呈仰卧姿，屈髋屈膝，泡沫轴置于上背部的下方。臀部抬起，双手自然置于腹部，背部与头部呈一条直线。

器材 ▶ 泡沫轴、瑜伽垫

主要部位 ▶ 背部

主要肌肉 ▶ 背阔肌、斜方肌、菱形肌、大圆肌

02

身体移动，使泡沫轴在肩部与中背部之间来回滚动，滚动时在肌肉酸痛点上停留一定时间。来回滚压至规定的时间。

要点

在肌肉酸痛点停留时，注意均匀呼吸。待酸痛感减少后，继续滚压。

4.1 ▶ 肌筋膜放松练习

泡沫轴 – 肱三头肌

01

身体呈侧卧姿，一侧臂屈曲，手支撑头部，泡沫轴置于同侧上臂下方，对侧臂屈曲位于体前，对侧手支撑于瑜伽垫上。

器材	泡沫轴、瑜伽垫
主要部位	手臂
主要肌肉	肱三头肌

02

身体移动，使泡沫轴在腋窝与肘关节之间来回滚动，滚动时在肌肉酸痛点上停留一定时间。来回滚动至规定的时间后，换另一侧重复。

要点

在肌肉酸痛点停留时，注意均匀呼吸。待酸痛感减少后，继续滚压。

泡沫轴－肱二头肌

01

屈髋屈膝跪于垫上，呈俯身跪姿。一侧前臂撑于瑜伽垫上，另一侧上臂置于泡沫轴上，且手心朝下。

器材 ▶ 泡沫轴、瑜伽垫

主要部位 ▶ 手臂

主要肌肉 ▶ 肱二头肌

02

身体移动，使泡沫轴在肘关节与肩关节之间来回滚动，滚动时在肌肉酸痛点上停留一定时间。来回滚动至规定的时间，换另一侧重复。

要点

在肌肉酸痛点停留时，注意均匀呼吸。待酸痛感减少后，继续滚压。

4.2 静态拉伸练习

弓步－腓肠肌拉伸

01

站立，上身挺直，抬头挺胸，双手自然放于身体两侧。

器材	无
主要部位	小腿
主要肌肉	腓肠肌

02

拉伸侧腿向后迈步，前侧腿屈膝，拉伸侧腿伸直，呈弓步姿势。双手扶住前侧腿膝关节，重心慢慢前移至拉伸侧小腿后侧有一定程度的牵拉感。保持该姿势至规定的时间，换另一侧重复。

要点

拉伸侧腿伸直的同时尽可能保证脚跟着地，保持前侧膝盖与脚尖方向一致。可逐渐加大拉伸侧脚踝背屈的程度，以此来增强牵拉感。

直腿－腓肠肌拉伸

01

俯撑，双臂伸直，双手撑地。拉伸侧腿伸直，前脚掌撑地，另一侧腿微屈，置于拉伸侧脚踝后侧。

器材 ➤ 瑜伽垫

主要部位 ➤ 小腿

主要肌肉 ➤ 腓肠肌

02

保持手、脚位置不变，臀部向上抬，使躯干与支撑腿呈90度，拉伸侧脚跟尽量着垫，使小腿后侧有一定程度的牵拉感。保持该姿势至规定的时间，换另一侧重复。

要点

拉伸侧腿伸直的同时尽可能保证脚跟着垫。可逐渐加大拉伸侧脚踝背屈的程度，以此来增强牵拉感。

4.2 ▶ 静态拉伸练习

屈膝－比目鱼肌拉伸

01 身体呈俯撑姿，双臂伸直，双手撑地。拉伸侧腿微屈，脚撑于垫上，对侧脚置于拉伸侧脚踝后侧。臀部向上抬，使躯干与拉伸侧腿呈90度。

器材 ➤ 瑜伽垫

主要部位 ➤ 小腿

主要肌肉 ➤ 比目鱼肌

要点

拉伸侧脚跟尽量着地。可逐渐加大拉伸侧脚踝背屈的程度，以此来增强牵拉感。

02 始终保持双手撑垫，拉伸侧脚跟尽量着垫，腿缓慢屈膝，直至小腿后侧有一定程度的牵拉感。保持该姿势至规定的时间，换另一侧重复。

坐姿 – 胫骨前肌拉伸

坐于垫上，躯干挺直。拉伸侧腿伸直，脚尖向上，另一侧腿屈膝屈髋，外展，脚掌接触拉伸侧大腿内侧。拉伸侧手放于拉伸侧小腿处，使该侧踝关节跖屈至小腿前侧有一定程度的牵拉感。保持该姿势至规定的时间，换另一侧重复。

要点

全程均匀呼吸。呼气时，可尝试提高拉伸的程度。

器材 ▶ 瑜伽垫

主要部位 ▶ 小腿

主要肌肉 ▶ 胫骨前肌

4.2 ▶ 静态拉伸练习

下犬式

01
双手和脚尖撑于垫面,双臂伸直,指尖朝前,双腿屈曲。

02
保持手、脚位置不变,臀部向上抬,脚跟逐渐踩向垫面并伸直双膝,直至胸部、腹部和腿后侧有一定程度的牵拉感。保持该姿势至规定的时间。

器材 ▶ 瑜伽垫

主要部位 ▶ 腿部、腹部、胸部

主要肌肉 ▶ 腓肠肌、比目鱼肌、腘绳肌、腹直肌、胸大肌

要点

身体呈倒V形,躯干和手臂尽量呈一条直线,双脚尽量伸直,脚跟尽量着地。

4.2 ▶ 静态拉伸练习

战士二式

01

双脚分开，大于肩宽，双腿伸直，脚尖向前。挺胸直背，双臂侧平举。

02

一侧脚外旋90度，膝关节屈曲，重心向该侧移动至对侧大腿内侧和该侧小腿后侧有一定程度的牵拉感。保持该姿势至规定的时间，换另一侧重复。

器材 ▶ 无

主要部位 ▶ 腿部

主要肌肉 ▶ 跟腱、内收肌

要点

头部、膝盖和脚尖都朝一侧扭转，但躯干和双臂要保持不动。

4.2 ▶ 静态拉伸练习

坐姿俯身－双脚分开－内收肌拉伸

01

身体呈坐姿，双腿尽量外展并伸直。双臂置于双腿内侧，双手触地，目视前方。

器材 ▶ 瑜伽垫

主要部位 ▶ 大腿

主要肌肉 ▶ 内收肌

02

腿部尽量不动，双臂前伸，躯干靠向地面，直至大腿内侧有一定程度的牵拉感。保持该姿势至规定的时间。

要点

向前俯身时，下背部尽量挺直。双腿尽量打开并伸直，双脚勾起，双臂尽量向前伸。

4.2 **静态拉伸练习**

坐姿俯身－脚掌对合－内收肌拉伸

01

身体呈坐姿，背部挺直。双腿屈膝，双脚脚底靠拢。双手分别握住同侧脚踝，并将前臂分别压在同侧腿内侧，目视前方。

02

头部、胸部缓慢向双腿间靠拢，直至大腿内侧有一定程度的牵拉感。保持该姿势至规定的时间。

要点

向前俯身时，下背部尽量挺直。双膝与垫面的距离应尽量小且相同。

器材 ➤ 瑜伽垫

主要部位 ➤ 大腿

主要肌肉 ➤ 内收肌

4.2 静态拉伸练习

蝴蝶式 - 内收肌拉伸

01 仰卧于垫上，双腿屈膝屈髋，使小腿与地面平行，双手放于膝盖附近。

02 保持屈膝屈髋，双手向外拉膝盖，让髋关节尽可能外展，直至大腿内侧有一定程度的牵拉感。保持该姿势至规定的时间。

器材 ▶ 瑜伽垫

主要部位 ▶ 大腿

主要肌肉 ▶ 内收肌

要点

核心收紧，下背部紧贴垫面。双膝与垫面的距离应尽量小且相同。

仰卧-髋外展-内收肌拉伸

01 身体呈仰卧姿，头部与躯干紧贴垫面，双腿屈髋屈膝，双脚脚跟撑地。双臂外展，与躯干各呈45度，双手自然放于地面。

器材 ▶ 瑜伽垫

主要部位 ▶ 大腿

主要肌肉 ▶ 内收肌

要点

核心收紧，下背部紧贴垫面。上半身和非拉伸侧腿保持不动，拉伸侧腿尽量靠近垫面。

02 拉伸一侧髋关节外展、外旋，使大腿内侧有一定程度的牵拉感。保持该姿势至规定的时间，换另一侧重复。

站姿 – 股四头肌拉伸

01

站立，双脚分开，与髋同宽，双臂自然下垂。

02

躯干保持直立，双腿屈膝，然后拉伸侧手握住同侧脚的脚背并向正后方提拉，同时双腿伸膝，直至大腿前侧有一定程度的牵拉感。保持该姿势至规定的时间，换另一侧重复。

要点

核心收紧，保持身体稳定。臀部收紧，支撑腿可先适当屈曲，待身体平衡后再伸直。

 器材 ▶ 无

主要部位 ▶ 大腿

主要肌肉 ▶ 股四头肌

半跪姿 – 股四头肌拉伸

01

身体呈半跪姿，前侧腿屈膝90度，拉伸侧腿膝盖着地，同侧手握住脚背。背部保持挺直，非拉伸侧手自然放在前侧腿上。

器材 ➤ 瑜伽垫

主要部位 ➤ 大腿

主要肌肉 ➤ 股四头肌、髋屈肌

02

拉伸侧手尽量将同侧脚拉向臀部，身体慢慢前倾，直至拉伸侧大腿前侧有一定程度的牵拉感。保持该姿势至规定的时间，换另一侧重复。

要点

核心收紧，保持身体稳定。臀部收紧，骨盆不向一侧倾斜。

4.2 ▶ 静态拉伸练习

桌式－股四头肌拉伸

01 双臂伸直支撑于垫面，双腿屈髋屈膝呈跪姿支撑于垫面，背部保持平直，腹部收紧，面部朝下。

器材 ➤ 瑜伽垫

主要部位 ➤ 大腿

主要肌肉 ➤ 股四头肌

02 拉伸侧腿屈膝向上抬起，对侧手向后握住拉伸侧脚的脚背并将其向下拉，使大腿前侧有一定程度的牵拉感。保持该姿势至规定的时间，换另一侧重复。

要点

核心收紧，保持身体稳定。臀部收紧，骨盆不向一侧倾斜。

4.2 ▶ **静态拉伸练习**

侧卧－股四头肌拉伸

01 身体呈侧卧姿，头枕在下侧手臂上。拉伸侧腿屈髋屈膝，同侧手握住拉伸侧脚踝，下侧腿尽量伸直。

02 拉伸侧手将腿向臀部拉，直至大腿前侧有一定程度的牵拉感。保持该姿势至规定的时间，换另一侧重复。

器材 ▶ 瑜伽垫

主要部位 ▶ 大腿

主要肌肉 ▶ 股四头肌

要点
核心收紧，保持身体稳定。臀部收紧，骨盆不向一侧倾斜。

4.2 静态拉伸练习

俯卧-股四头肌拉伸

01

俯卧于垫上，拉伸侧腿屈膝向后，同侧手向后握住脚背，大腿尽可能贴紧瑜伽垫，非拉伸侧手垫于下颌处。

器材 ➤ 瑜伽垫

主要部位 ➤ 大腿

主要肌肉 ➤ 股四头肌

02

拉伸侧手用力将脚拉向臀部，直至大腿前侧有一定程度的牵拉感。保持该姿势至规定的时间，换另一侧重复。

要点

核心收紧，保持身体稳定。臀部收紧，骨盆不向一侧倾斜。

4.2 ▶ 静态拉伸练习

站姿 – 腘绳肌拉伸

01

拉伸侧脚在前，脚跟撑地，腿尽量伸直，另一侧脚在后，膝盖屈曲。双手置于后侧膝关节上方，目视前方。

02

腿部不动，躯干前倾直至大腿后侧有一定程度的牵拉感。保持该姿势至规定的时间，换另一侧重复。

器材 ▶ 无

主要部位 ▶ 大腿

主要肌肉 ▶ 腘绳肌

要点
向前俯身时，下背部尽量挺直。拉伸侧腿尽量伸直，脚尖勾起。

4.2 静态拉伸练习

坐姿 - 腘绳肌拉伸

01

坐于垫上，躯干挺直，拉伸侧腿伸直，脚尖向上，另一侧腿屈膝屈髋外展，脚掌接触拉伸侧腿大腿内侧，双手放于身前。

02

躯干前倾，双手沿着拉伸侧腿前移，直至大腿后侧有一定程度的牵拉感。保持该姿势至规定的时间，换另一侧重复。

器材 瑜伽垫

主要部位 大腿、背部

主要肌肉 腘绳肌、背部肌群

要点

向前俯身时，下背部尽量挺直。拉伸侧腿尽量伸直，脚尖勾起。

弹力带 – 坐姿 – 腘绳肌拉伸

01 坐在垫子上，双腿伸直并拢且紧贴垫面。将弹力带中段固定在双脚的前脚掌处，双臂伸直，双手握住弹力带两端，保持弹力带有一定的张力。

器材 ▶ 弹力带、瑜伽垫

主要部位 ▶ 大腿

主要肌肉 ▶ 腘绳肌

02

向前俯身，屈曲髋关节，同时双手拉紧弹力带，使大腿后侧有一定程度的牵拉感。保持该姿势至规定的时间。

要点

向前俯身时，下背部尽量挺直。拉伸侧腿尽量伸直，脚尖勾起。

弹力带－仰卧－腘绳肌拉伸

身体呈仰卧姿，将弹力带中段固定在拉伸侧脚的脚掌处，双手握住弹力带两端处，保持弹力带有一定的张力。拉伸侧腿伸直上举至与地面垂直。双臂下拉弹力带，下压脚掌，使拉伸侧大腿后侧有一定程度的牵拉感。保持该姿势至规定的时间，换另一侧重复。

器材 弹力带、瑜伽垫

主要部位 大腿

主要肌肉 腘绳肌

要点

核心收紧，下背部紧贴垫面。拉伸侧腿尽量伸直，脚尖勾起，对侧脚不离开垫面。

4.2 ▶ 静态拉伸练习

弹力带 – 仰卧 – 阔筋膜张肌拉伸

01 身体呈仰卧姿，一侧腿屈膝并跨过拉伸侧腿。将弹力带中段固定在拉伸侧脚踝上方，非拉伸侧手握住弹力带两端，保持弹力带有一定的张力。

器材 ▶	弹力带、瑜伽垫
主要部位 ▶	大腿
主要肌肉 ▶	阔筋膜张肌

02

非拉伸侧手拉动弹力带，使拉伸侧大腿外侧有一定程度的牵拉感，保持该姿势至规定的时间，换另一侧重复。

要点
核心收紧，保持身体稳定。上半身和非拉伸侧腿保持不动，拉伸侧腿尽量伸直。

4.2 静态拉伸练习

跪姿 - 起跑者弓步

01

身体呈半跪姿，一侧腿在前，屈膝呈90度，拉伸侧腿在后，膝盖触地，躯干挺直。双手置于前侧膝盖上，目视前方。

器材 ➤ 瑜伽垫

主要部位 ➤ 髋部

主要肌肉 ➤ 髂腰肌

02

髋部向前移动，直至拉伸侧髋部前侧有一定程度的牵拉感。保持该姿势至规定的时间，换另一侧重复。

要点

核心收紧，保持身体稳定，前侧膝关节与脚尖方向一致。向前推髋，骨盆不向一侧倾斜。

坐姿－4字形拉伸

01

坐姿，一侧腿向前伸直，拉伸侧脚放于伸直腿的大腿上，呈4字形。手臂伸直，双手撑于身体两侧，指尖朝后。

02

将胸部向双腿方向移动至拉伸侧臀部有一定程度的牵拉感。保持该姿势至规定的时间，换另一侧重复。

器材 ▶ 瑜伽垫

主要部位 ▶ 臀部

主要肌肉 ▶ 臀大肌、梨状肌

要点

向前俯身时，下背部尽量挺直。拉伸侧膝盖向下压。

4.2 ▶ 静态拉伸练习

仰卧-4字形拉伸

01

仰卧，双腿屈曲，一侧腿抬起，大腿垂直于地面，屈膝90度，拉伸侧脚置于垂直于地面的大腿上，呈4字形。

02

双手握住非拉伸侧大腿并将其拉向胸部，直至拉伸侧臀部有一定程度的牵拉感。保持该姿势至规定的时间，换另一侧重复。

器材 ▶ 瑜伽垫

主要部位 ▶ 臀部

主要肌肉 ▶ 臀大肌、梨状肌

要点

核心收紧，下背部紧贴垫面。拉伸侧膝盖尽量远离胸部。

4.2 ▶ 静态拉伸练习

仰卧 – 脊柱扭转

01 仰卧，屈曲双膝，双脚支撑于垫面，双臂向身体两侧伸展，掌心触地。

要点

核心收紧，肩部和颈部放松。双臂和肩部尽量不离开垫面，下侧膝尽量靠近垫面。

器材 ▶ 瑜伽垫

主要部位 ▶ 背部、臀部、胸部

02 将髋部和双膝最大限度地向身体一侧扭转，同时头向对侧旋转至背部和臀部有一定程度的牵拉感。保持该姿势至规定的时间，换另一侧重复。

主要肌肉 ▶ 竖脊肌、背阔肌、臀大肌、胸肌

4.2 ▶ 静态拉伸练习

麻花式拉伸

身体呈仰卧姿，双腿上下交叉，一侧腿在上且屈曲，另一侧腿在下且屈曲。双手分别抓对侧膝盖和脚踝，直至胸部、髋部和大腿前侧有一定程度的牵拉感。保持该姿势至规定的时间，换另一侧重复。

器材 ▶ 瑜伽垫

主要部位 ▶ 胸部、大腿、髋部

主要肌肉 ▶ 胸大肌、髂胫束、股四头肌、髋部肌群

要点

核心收紧，肩部和颈部放松。肩部尽量不离开垫面，双腿尽量靠近垫面。

4.2 ▶ 静态拉伸练习

内收肌、躯干肌群拉伸

01

双脚前后分开站立，双腿伸直。前侧脚脚尖朝前，后侧脚脚尖朝外，双臂侧平举，目视前方。

02

双臂不动，躯干前倾并向后侧腿方向旋转，直至下侧手触及前侧脚脚背或脚踝，胸部、背部和大腿内侧有一定程度的牵拉感。上侧臂伸直指向天空，目视上侧手方向。保持该姿势至规定的时间，换另一侧重复。

> **要点**
>
> 核心收紧，下背部尽量挺直。全程双腿伸直。随着呼气，躯干侧倾，然后保持均匀呼吸。

器材 ▶ 瑜伽垫

主要部位 ▶ 核心、大腿

主要肌肉 ▶ 内收肌、胸腰椎回旋肌、躯干伸肌

4.2 静态拉伸练习

坐姿－脊柱旋转

01 坐于垫上，躯干挺直，面朝前方，双腿并拢伸直，双手放于身体两侧。

器材 ➡ 瑜伽垫

主要部位 ➡ 背部、臀部

主要肌肉 ➡ 躯干肌群、臀大肌

02 躯干保持挺直，并向一侧旋转，同时该侧腿屈膝，脚置于伸直腿的外侧，同侧手支撑于垫面，对侧手放于屈曲腿大腿的外侧，并施加一定的力，直至背部和臀部有一定程度的牵拉感。保持该姿势至规定的时间，换另一侧重复。

要点

核心收紧，下背部尽量挺直，肩部和颈部放松。下半身保持不动，上半身尽量向屈曲腿一侧旋转。

4.2 ▶ 静态拉伸练习

坐姿 – 90 度 /90 度拉伸

01

身体呈坐姿，一侧腿在身体正前方，对侧腿在身体侧方，双腿屈膝90度并平放于垫面。双臂伸直，双手触地，置于前侧腿前方。

器材 ▶ 瑜伽垫

主要部位 ▶ 大腿、臀部、髋部、腹部

主要肌肉 ▶ 阔筋膜张肌、臀大肌、髂腰肌、耻骨肌、腹内斜肌、腹外斜肌

02

头部、躯干、双臂向前侧腿一侧扭转至臀部和腹部有一定程度的牵拉感。保持该姿势至规定的时间，换另一侧重复。

要点

核心收紧，下背部尽量挺直，肩部和颈部放松。下半身保持不动，上半身尽量向前侧腿一侧旋转。

4.2 ▶ 静态拉伸练习

菱形肌拉伸

01

身体呈坐姿，双腿屈膝，双手交叉抱住大腿后侧，目视前方。

器材	瑜伽垫
主要部位	背部
主要肌肉	菱形肌

02

双手与腿部不动，含胸低头，直至背部有一定程度的牵拉感。保持该姿势至规定的时间。

要点

核心收紧，下背部尽量挺直，肩部和颈部放松。随着呼气，含胸低头，然后保持均匀呼吸。

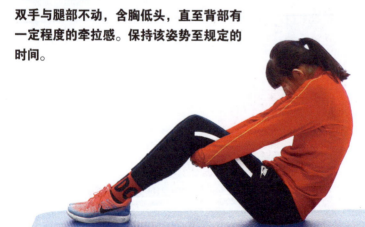

4.2 ▶ 静态拉伸练习

站姿 – 背阔肌拉伸

01

身体直立，双脚自然分开，腹部收紧，双手交叉置于体前，目视前方。

02

双手呈交叉姿势，手臂慢慢上移至头顶上方，手掌向上，使背部有一定程度的牵拉感。保持该姿势至规定的时间。

器材 ▶ 无

主要部位 ▶ 背部

主要肌肉 ▶ 背阔肌

要点

核心收紧，身体直立。双臂尽量向上伸展，肩部下压。

4.2 静态拉伸练习

跪姿-背阔肌拉伸

跪于垫上，臀部向下坐于脚跟上，躯干尽量挺直。双臂伸直过头顶，双手触垫，指尖朝前，面部朝地，使背部有一定程度的牵拉感。保持该姿势至规定的时间。

器材 ▶ 瑜伽垫

主要部位 ▶ 背部

主要肌肉 ▶ 背阔肌

要点

核心收紧，下背部尽量挺直。双臂尽量向前伸展，肩部下压。

臀桥 – 单臂转肩 – 背阔肌拉伸

01
仰卧，头部与背部贴于垫面，腹部收紧，双臂伸直置于垫面，掌心朝下。同时双腿屈膝，双脚全脚掌触地。

器材 ▶ 瑜伽垫

主要部位 ▶ 背部

主要肌肉 ▶ 背阔肌

02
臀部发力向上顶髋，使大腿、臀部、背部在一条直线上。

03
一侧手臂向对侧头顶上方伸直，手掌贴地，掌心朝下，同时身体向对侧转肩至背部有一定程度的牵拉感。保持该姿势至规定的时间，回到起始姿势，换另一侧重复。

要点

核心收紧，保持身体稳定。拉伸侧手臂尽量向前伸展，臀部不要向下掉。

4.2 ▶ 静态拉伸练习

仰卧抱膝式

01

身体呈仰卧姿，头部与躯干紧贴垫面，双腿屈髋屈膝，双手交叉抱住双膝下部。

02

双手将双腿拉向胸部，头部与肩部离地，贴近双膝，直至背部有一定程度的牵拉感。保持该姿势至规定的时间。

器材 ▶ 瑜伽垫

主要部位 ▶ 背部

主要肌肉 ▶ 竖脊肌、背阔肌、菱形肌

要点

核心收紧，肩部和颈部放松。双膝尽量靠近胸部，肩部下压。

弓背拉伸

01 双膝跪于垫上，大腿垂直于地面，双臂伸直，双手撑垫，指尖朝前，双手位于肩关节的正下方。核心收紧，背部挺直，与地面保持平行。

器材 ▶ 瑜伽垫

主要部位 ▶ 背部

主要肌肉 ▶ 竖脊肌

02 四肢不动，收腹，同时背部向上拱起，使背部有一定程度的牵拉感，保持该姿势至规定的时间。

要点

核心收紧，肩部和颈部放松。随着呼气，逐渐拱起背部，然后保持均匀呼吸。

4.2 静态拉伸练习

体侧屈

01 身体直立，双脚间距略大于肩宽。腹部收紧，挺胸抬头，一侧臂伸直举过头顶，对侧臂自然垂于体侧，目视前方。

02 举起的手臂向身体对侧倾斜，直至掌心朝下，背部和躯干侧面有一定程度的牵拉感。保持该姿势至规定的时间，换另一侧重复。

要点

核心收紧，下背部尽量挺直。全程双腿伸直，躯干不要向前倾。

器材 无

主要部位 背部、核心

主要肌肉 背阔肌、躯干屈肌

4.2 ▶ 静态拉伸练习

分腿姿 – 体侧屈

01

双脚前后分开，脚尖向前，后侧腿一侧的手臂向上伸过头顶，对侧手叉腰。

02

举起的手臂向身体对侧倾斜，直至背部和躯干侧面有一定程度的牵拉感。保持该姿势至规定的时间，换另一侧重复。

要点

核心收紧，下背部尽量挺直。躯干不要向前倾。

器材 ▶ 无

主要部位 ▶ 背部、腹部

主要肌肉 ▶ 背阔肌、腹内斜肌、腹外斜肌

4.2 静态拉伸练习

眼镜蛇式

01 俯卧，双腿伸直，双肘屈曲，双手撑于胸部两侧。

02 双臂伸直，将躯干推离地面至腹部有一定程度的牵拉感。保持该姿势至规定的时间。

器材 瑜伽垫

主要部位 腹部

主要肌肉 腹直肌

要点
核心收紧，肩部和颈部放松。双腿不要离开垫面，双手尽量靠近髋部。

战士一式 – 屈臂式

01

双脚前后分开，前侧腿屈膝，后侧腿伸直。挺胸直背，双臂前平举，肘关节屈曲90度。

器材 ➤	无
主要部位 ➤	胸部
主要肌肉 ➤	胸大肌

02

保持肘关节角度不变，双臂水平打开与肩部呈一条直线，胸部有一定程度的牵拉感。保持该姿势至规定的时间。

要点

核心收紧，肩部和颈部放松。上臂保持平行于地面，双臂尽量向外打开。

4.2 ▶ **静态拉伸练习**

三角肌前束拉伸

01

站立，双脚分开，与肩同宽，挺胸抬头，腹部收紧，目视前方，双手交叉置于臀部后方。

02

躯干不动，双臂在身体后侧向上抬起，直至三角肌前束有一定程度的牵拉感。保持该姿势至规定的时间。

要点

核心收紧，肩部和颈部放松。身体尽量保持直立，双臂尽量向上抬起。

器材 ▶ 无

主要部位 ▶ 肩部

主要肌肉 ▶ 三角肌前束

4.2 ▶ 静态拉伸练习

三角肌后束拉伸

01

站立，双脚分开，与肩同宽，腹部收紧，挺胸抬头，目视前方。

要点

核心收紧，肩部和颈部放松。拉伸侧手臂伸直，肩部下压。

器材 ▶ 无

主要部位 ▶ 肩部

主要肌肉 ▶ 三角肌后束

02

拉伸侧手臂内收，向对侧侧平举，另一侧手肘屈曲，锁住拉伸侧手臂，并向身体方向拉动拉伸侧手臂，直至拉伸侧三角肌后束有一定程度的牵拉感。保持该姿势至规定的时间，换另一侧重复。

4.2 ▶ 静态拉伸练习

侧卧 - 肩部拉伸

01 身体呈侧卧姿，头部、躯干、腿部呈一条直线。下侧上臂紧贴垫面，与躯干垂直，前臂抬起，与地面垂直。上侧手置于下侧手腕上。

02 上侧手缓慢下压下侧手，直至下侧肩部有一定程度的牵拉感，保持该姿势至规定的时间，换另一侧重复。

▶ **器材** 瑜伽垫

▶ **主要部位** 肩部

▶ **主要肌肉** 肩外旋肌

要点

核心收紧，肩部和颈部放松。下侧上臂不动，前臂尽量靠近垫面。

站姿－肩部拉伸

01
站立，双脚分开，与肩同宽或略宽于肩，双臂侧平举。

02
一侧手臂屈曲外展于背后，另一侧手臂伸展内收于背后，双手在肩胛骨处勾住，使肩部有一定程度的牵拉感。保持该姿势至规定的时间，然后，换另一侧重复。

器材 ▶ 无

主要部位 ▶ 肩部

主要肌肉 ▶ 肩部肌群

要点
核心收紧，肩部和颈部放松。身体保持直立，肩部下压。

肱三头肌拉伸

01

站立，身体挺直，双脚分开，与肩同宽，腹部收紧，挺胸抬头，目视前方。

02

拉伸侧手臂屈肘举过头顶，另一侧手托在拉伸侧手肘外侧，向上推动拉伸侧手臂，直至上臂后侧有一定程度的牵拉感。保持该姿势至规定的时间，换另一侧重复。

要点

核心收紧，肩部和颈部放松。身体保持直立，拉伸侧手臂尽量屈曲。

器材 ▶ 无

主要部位 ▶ 手臂

主要肌肉 ▶ 肱三头肌

肱三头肌头后拉伸

01
站立，双脚间距等于肩宽。腹部收紧，挺胸抬头，目视前方。

02
拉伸侧手臂屈曲，手置于头后方，另一侧手臂将拉伸侧手肘向非拉伸侧拉，直至拉伸侧上臂后侧有一定程度的牵拉感。保持该姿势至规定的时间，换另一侧重复。

器材 ▶ 无

主要部位 ▶ 手臂

主要肌肉 ▶ 肱三头肌

要点
核心收紧，肩部和颈部放松。身体保持直立，拉伸侧手臂尽量屈曲。

鹰式手臂

01

双脚分开，与肩同宽，挺胸抬头，双臂自然垂于身体两侧。

02

一侧手臂在体前与另一侧手臂交叉，双手触碰，手指向上，使肩部和背部有一定程度的牵拉感。保持该姿势至规定的时间，换另一侧重复。

要点

核心收紧，肩部和颈部放松。身体保持直立，肩部下压。

器材 ▶ 无

主要部位 ▶ 肩部、背部

主要肌肉 ▶ 肩部肌群、背部肌群

4.2 ▶ 静态拉伸练习

屈伸手腕

01

双脚分开，与肩同宽，目视前方，双臂自然下垂。

02

拉伸侧手臂向前伸展，手指朝下、掌心向后，另一侧手拉动拉伸侧手指向躯干方向移动至腕屈肌有一定程度的牵拉感。保持该姿势至规定的时间。

03

拉伸侧手指朝上、掌心向前，另一侧手拉动拉伸侧手指向躯干方向移动至腕伸肌有一定程度的牵拉感。保持该姿势至规定的时间。换另一侧重复。

要点

核心收紧，肩部和颈部放松。拉伸侧手臂伸直，手腕尽量屈曲和伸展。

器材 ➤ 无

主要部位 ➤ 手臂

主要肌肉 ➤ 腕屈肌、腕伸肌

4.2 ▶ 静态拉伸练习

颈部侧屈

01

站立，双脚分开，与髋同宽，双臂自然下垂。

02

颈部侧向屈曲，直至颈部侧面有一定程度的牵拉感。保持该姿势至规定的时间，换另一侧重复。

器材 ▶ 无

主要部位 ▶ 颈部

主要肌肉 ▶ 颈部侧屈肌

要点

核心收紧，肩部和颈部放松。身体保持直立，不要耸肩。

树式伸展

站立，核心收紧，背部挺直。一侧腿屈膝，脚掌贴于对侧腿的膝关节处，单腿站稳。双臂举过头顶，双手合掌，双臂与身体呈一条直线。保持该姿势至规定的时间，换另一侧重复。

器材 ▶ 无

主要部位 ▶ 全身

主要肌肉 ▶ 全身

要点

核心收紧，保持身体稳定。双臂尽量向上伸展，不要耸肩。

手臂上伸－股四头肌拉伸

01

站立，腹部收紧，抬头挺胸，目视前方。

02

一侧脚向前迈一小步，抬起脚跟，同侧手臂向上伸直。另一侧腿向后屈膝，同侧手抓住脚背或脚踝并将其拉向臀部，使大腿前侧有一定程度的牵拉感。保持该姿势1~3秒，回到起始姿势，换另一侧重复。两侧交替进行，完成规定的次数。

要点

核心收紧，保持身体稳定。臀部收紧，骨盆不向一侧倾斜。

▶ **器材** 无

▶ **主要部位** 大腿、肩部

▶ **主要肌肉** 股四头肌、肩部前侧肌群

4.3 ▶ 动态拉伸练习

相扑式深蹲 – 腘绳肌拉伸

01

双脚分开，挺胸直背，目视前方，双臂自然垂于身体两侧。

02

屈髋屈膝下蹲，双臂位于双膝内侧，双手握住双脚脚尖。

03

双手不动，伸膝使双腿伸直，使大腿后侧有一定程度的牵拉感。保持该姿势1~3秒后伸膝站起。保持双手握住双脚脚尖，重复下蹲、站起动作，完成规定的次数。

器材 ▶ 无

主要部位 ▶ 大腿

主要肌肉 ▶ 腘绳肌

要点

核心收紧，下背部尽量挺直。下蹲时，膝盖和脚尖方向一致。

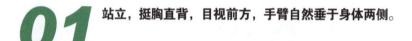

4.3 动态拉伸练习

向后分腿蹲 – 腘绳肌拉伸

01 站立,挺胸直背,目视前方,手臂自然垂于身体两侧。

02 一侧脚向后迈出,前侧腿屈髋屈膝至大腿与地面平行。双臂伸直举过头顶,脊柱向后伸展。

03 双臂向下伸展,双手置于前侧腿的两侧,前侧腿伸直,使大腿后侧有一定程度的牵拉感。保持该姿势1~3秒,回到起始姿势,换对侧重复。两侧交替进行,完成规定的次数。

器材 ▶ 无

主要部位 ▶ 大腿、腹部、髋部

主要肌肉 ▶ 腘绳肌、腹直肌、髂腰肌

要点
核心收紧,下背部尽量挺直。前侧腿尽量伸直,脚尖勾起。

4.3 ▶ 动态拉伸练习

燕式平衡 – 腘绳肌拉伸

01

站立，腹部收紧，躯干挺直，目视前方。

02

一侧脚向前迈一小步，俯身并向后抬起另一侧腿，该侧臀部收紧，尽量保持头部、臀部与该侧脚呈一条直线，使支撑侧大腿后侧有一定程度的牵拉感。同时双臂侧平举，双手握拳，大拇指伸直朝上。保持该姿势1~3秒，回到起始姿势，换另一侧重复。两侧交替进行，完成规定的次数。

器材 ▶ 无

主要部位 ▶ 大腿

主要肌肉 ▶ 腘绳肌

要点

核心收紧，保持身体稳定。支撑腿屈曲，双臂侧平举，尽量维持身体平衡，不左右晃动。

仰卧伸膝－腘绳肌拉伸

01 身体呈仰卧姿，一侧腿自然伸直置于垫面，另一侧腿屈髋屈膝，双手交叉抱住屈曲腿膝关节后侧。

02

抬高腿伸直，与地面垂直，另一侧腿保持不动，使抬高腿的大腿后侧有一定程度的牵拉感。保持该姿势至1~3秒，回到起始姿势。完成规定的次数，换另一侧重复。

器材 ▶ 瑜伽垫

主要部位 ▶ 大腿、臀部

主要肌肉 ▶ 腘绳肌、臀部肌群

要点

核心收紧，下背部紧贴垫面。拉伸侧腿伸直时脚尖勾起，对侧脚不离开垫面。

4.3 ▶ **动态拉伸练习**

蝴蝶翅膀式

01 坐于垫上，目视前方，躯干挺直，屈膝屈髋，双腿脚掌相对，双手握住脚尖并将其向髋部拉动。

02 躯干保持直立，双膝上下移动，感受髋部内侧的牵拉感。完成规定的次数。

▶ **器材** 瑜伽垫

▶ **主要部位** 大腿

▶ **主要肌肉** 内收肌

要点
核心收紧，下背部尽量挺直。双脚尽量靠近髋部。

4.3 动态拉伸练习

侧弓步

01 站立，双脚并拢，腹部收紧，挺胸抬头，目视前方。

02 一侧脚向外迈步，呈侧弓步，身体重心移至该侧腿，双脚脚尖朝前，全脚掌贴地，使伸直腿大腿前侧和内侧有一定程度的牵拉感。同时双臂前平举，掌心朝下。保持该姿势1~3秒，回到起始姿势，换另一侧重复。两侧交替进行，完成规定的次数。

器材 ▶ 无

主要部位 ▶ 大腿、髋部

主要肌肉 ▶ 内收肌、股四头肌、髂腰肌

要点

核心收紧，下背部尽量挺直。屈曲腿膝盖和脚尖方向一致。

4.3 ▶ 动态拉伸练习

后交叉弓步

01

站立，双脚分开，与肩同宽，腹部收紧，胸部挺直，双臂前平举。

02

一侧腿后撤一步，置于另一侧腿后方约45度的位置，双腿交叉，屈膝屈髋，下蹲至前侧腿的大腿外侧和臀部有一定强度的牵拉感。保持该姿势1~3秒，回到起始姿势，换另一侧重复。两侧交替进行，完成规定的次数。

器材 无

主要部位 大腿、臀部

主要肌肉 阔筋膜张肌、髂胫束、臀大肌、臀中肌

要点

核心收紧，下背部尽量挺直。重心在前侧脚，膝盖尽量不超过脚尖。

向后弓步－转体

01

站立，一侧脚向后撤步，同时前侧腿屈髋屈膝至大腿与地面平行。

器材 ▶ 无

主要部位 ▶ 髋部、大腿、腹部

主要肌肉 ▶ 髂腰肌、缝匠肌、股直肌、腹内斜肌、腹外斜肌

02

后侧腿一侧的手置于对侧腹部，前侧腿一侧的手臂向身体后方外展，同时躯干慢慢向前侧腿方向旋转至最大幅度。保持该姿势1~3秒，回到起始姿势，换另一侧重复。两侧交替进行，完成规定的次数。

要点

核心收紧，下背部尽量挺直。屈曲腿膝盖和脚尖方向一致。

4.3 动态拉伸练习

抱膝前进

站立，双脚分开，与肩同宽。一侧膝抬至胸前，双手抱膝向上提拉，该侧脚脚尖勾起，对侧脚脚跟抬起，收紧该侧臀部，保持该姿势1~3秒，抬起脚向前迈步，换另一侧重复。两侧交替进行，完成规定的次数。

要点

核心收紧，保持身体稳定。臀部收紧，骨盆不向一侧倾斜。

器材 ▶ 无

主要部位 ▶ 臀部、大腿、髋部

主要肌肉 ▶ 臀大肌、腘绳肌、髋屈肌

4.3 ▶ 动态拉伸练习

斜抱腿

01 双脚分开，与肩同宽，脚尖向前。

02 一侧腿向前跨步，对侧腿屈膝抬起，抬起腿一侧的手抱大腿，另一侧手抬脚踝。双手缓慢用力向上提拉，同时支撑腿脚跟抬起，保持该姿势1~3秒，抬起脚向前迈步，换另一侧重复。两侧交替进行，完成规定的次数。

要点

核心收紧，保持身体稳定。双手尽量向上提拉抬高腿。

器材 ▶ 无

主要部位 ▶ 臀部、大腿

主要肌肉 ▶ 臀大肌、梨状肌、阔筋膜张肌

4.3 ▶ 动态拉伸练习

仰卧 – 脊柱旋转 – 动态

01 仰卧，屈曲双膝，双脚支撑于垫面，双臂向身体两侧伸展，掌心朝下。

02 髋部和双膝最大限度地向身体一侧扭转，直至背部和臀部有一定程度的牵拉感。保持该姿势1~3秒，回到起始姿势，换另一侧重复。两侧交替进行，完成规定的次数。

器材 瑜伽垫

主要部位 背部、臀部、胸部

主要肌肉 竖脊肌、背阔肌、臀大肌、胸肌

要点

核心收紧，下背部紧贴垫面。上半身保持不动，肩部不离开垫面，膝盖尽量靠近垫面。

4.3 ▶ 动态拉伸练习

早安式

01 双脚分开，与肩同宽，挺胸直背，双臂侧平举，与地面平行。

02

躯干慢慢前倾至与地面平行。保持该姿势1~3秒，回到起始姿势。重复规定的次数。

要点

核心收紧，下背部尽量挺直。双腿尽量伸直，但膝关节不要锁死。头部处于中立位。

器材 ▶ 无

主要部位 ▶ 背部

主要肌肉 ▶ 竖脊肌

4.3 ▶ 动态拉伸练习

猫狗式－胸椎伸展

01 双膝跪于垫上，双臂伸直，双手撑地，指尖朝前。核心收紧，背部挺直，与地面基本平行，目视双手方向。

器材 ▶	瑜伽垫
主要部位 ▶	背部、腹部、肩部
主要肌肉 ▶	背阔肌、菱形肌、腹肌、肩部肌群

02 呼气，背部尽可能地向上拱起，低头，保持该姿势1~3秒。

03 吸气，背部尽可能地向下塌，抬头，保持该姿势1~3秒。背部交替拱起、下塌，完成规定的次数。

> **要点**
>
> 核心收紧，肩部和颈部放松。随着呼气和吸气逐渐屈曲和伸展脊柱。

4.3 ▶ 动态拉伸练习

反向 90 度 /90 度拉伸

01 身体呈侧卧姿,一侧髋关节伸直,另一侧屈髋屈膝90度,并将该侧腿膝关节与小腿置于泡沫轴上。背部挺直,双臂伸直,双手合掌,目视双手方向。

器材 ➡	泡沫轴、瑜伽垫
主要部位 ➡	肩部、背部、胸部
主要肌肉 ➡	肩部肌群、躯干肌群、胸肌

02 下肢与髋关节保持稳定,以胸椎为轴,一侧肩向身体后方转动,手臂和头部随之转动,直至手臂与地面垂直,目视该侧手。

要点

核心收紧,下背部尽量挺直。肩部、手臂和头部以胸椎为轴一起旋转,下半身不动,上侧膝盖不离开泡沫轴。

03 对侧臂缓慢向抬高臂方向抬起,直至双手触碰,躯干前部有一定程度的牵拉感,保持该姿势1~3秒,回到起始姿势。完成规定的次数,换另一侧重复。

4.3 ▶ 动态拉伸练习

90 度 / 90 度拉伸 – 屈膝

01

身体呈侧卧姿，一侧髋关节伸直，另一侧屈髋屈膝90度，并将该侧腿膝关节与小腿置于泡沫轴上。背部挺直，双臂伸直，双手合掌，目视双手方向。

要点

核心收紧，下背部尽量挺直。肩部、手臂和头部以胸椎为轴一起旋转，下半身不动，上侧膝盖不离开泡沫轴。

02

下肢与髋关节保持稳定，以胸椎为轴，躯干向后转，直至双臂都贴着地面，躯干前部有一定程度的牵拉感。保持该姿势1~3秒，回到起始姿势。完成规定的次数，换另一侧重复。

▶ **器材** 泡沫轴、瑜伽垫

▶ **主要部位** 背部、胸部

▶ **主要肌肉** 斜方肌、胸大肌

4.3 动态拉伸练习

大字 – 两侧屈

01

站立，双脚分开，大于肩宽。双臂侧平举，挺胸抬头，身体呈大字形。

02

核心发力，躯干向一侧侧屈，双臂保持伸直并垂直于地面。接着躯干向另一侧侧屈。两侧交替进行，完成规定的次数。

要点

核心收紧，下背部尽量挺直。躯干尽量侧屈至双臂垂直于地面。

器材 ➡ 无

主要部位 ➡ 核心

主要肌肉 ➡ 核心肌群

俯卧-两侧转体看脚跟

01 身体呈俯卧姿，双臂在身前伸直支撑躯干，目视前方。

02 下肢不动，头部与躯干向一侧旋转，看向脚跟，直至腹部和背部有一定程度的牵拉感。保持该姿势1~3秒，换另一侧重复。两侧交替进行，完成规定的次数。

器材 ▶ 瑜伽垫

主要部位 ▶ 核心、背部

主要肌肉 ▶ 腹内斜肌、腹外斜肌、背阔肌、腰方肌

要点

核心收紧，肩部和颈部放松。下半身保持不动，头部随躯干旋转。

4.3 动态拉伸练习

动态胸部扩张－胸肌拉伸

01

站立，双脚分开，与肩同宽，腹部收紧，挺胸抬头，目视前方。双臂屈肘侧举，双手交叉置于头后。

02

双肘向后移动，直至胸部有一定程度的牵拉感。保持该姿势1~3秒，回到起始姿势。重复规定的次数。

要点

核心收紧，肩部和颈部放松。双肘尽量向后打开，但双手不要用力。

器材 ▶ 无

主要部位 ▶ 胸部

主要肌肉 ▶ 胸大肌

4.3 ▶ 动态拉伸练习

站姿－胸椎旋转

01

站立，双脚分开，与肩同宽，双膝微屈，躯干前倾，背部挺直，双手交叉放在头后。

02

保持下肢与髋关节的稳定，以胸椎为轴，头部及躯干向一侧旋转至胸部和背部有一定程度的牵拉感。保持该姿势1~3秒，头部及躯干向另一侧旋转。两侧交替进行，完成规定的次数。

器材 ▶ 无

主要部位 ▶ 胸部、背部

主要肌肉 ▶ 胸大肌、背阔肌

要点

核心收紧，肩部和颈部放松。下半身保持不动，头部随躯干旋转，双手不要用力。

4.3 ▶ 动态拉伸练习

坐姿 – 颈部拉伸

01

坐于垫上，躯干挺直，双手放于同侧膝关节处。

02

躯干保持挺直，颈部侧向屈曲至有牵拉感，保持1~3秒，换对侧重复。然后，颈部向前屈曲至有牵拉感，保持1~3秒。完成规定的次数。

器材 ▶ 瑜伽垫

主要部位 ▶ 颈部

主要肌肉 ▶ 颈部肌群

要点

核心收紧，肩部和颈部放松。躯干直立，下半身保持不动。

4.3 ▶ **动态拉伸练习**

脚跟坐姿－伸直、滚动、抬起

01 双膝跪于垫上，臀部向下坐在脚跟上，躯干尽量挺直，双手手腕置于泡沫轴上，双手张开，掌心相对。

02 身体前倾，使躯干与地面基本平行。目视地面，双臂滚动泡沫轴向前伸展，一侧臂微抬，离开泡沫轴，使肩部和背部有一定程度的牵拉感，保持该姿势1~3秒，换另一侧手臂抬起。回到起始姿势，完成规定的次数。

▶ **器材** 泡沫轴、瑜伽垫

▶ **主要部位** 肩部、背部

▶ **主要肌肉** 肩部肌群、背部肌群

要点

核心收紧，控制身体，缓慢滚动泡沫轴。手臂抬起时，躯干不要向一侧旋转。

4.3 ▶ 动态拉伸练习

鸟式

01

站立，核心收紧，背部挺直，双腿伸直，双脚靠拢，双臂伸直自然下垂。

02

双腿同时蹬地发力，提踵，使身体重心抬高，同时双臂向后伸，保持该姿势1~3秒。回到起始姿势，完成规定的次数。

器材 ▶ 无

主要部位 ▶ 肩部、小腿

主要肌肉 ▶ 三角肌前束、小腿肌群

要点

核心收紧，保持身体稳定。身体直立，头不要向前伸。

4.3 ▶ 动态拉伸练习

四肢爬行

01

站立，向前俯身，双手
撑地，双腿尽量伸直。

器材 ▶ 无

主要部位 ▶ 核心、腿部

主要肌肉 ▶ 核心肌群、腘
绳肌、腓肠
肌、比目鱼肌

02

双脚保持不动，双手交替向前移
动，直至身体呈一条直线。

03

双手保持不动，双脚交替向
前移动，靠近双手。回到起
始姿势，完成规定的次数。

要点

核心收紧，下背部尽量挺直，保持
身体稳定。手脚移动过程中，双腿
尽量伸直。

最伟大拉伸

01 双脚并拢站立，双臂自然垂于身体两侧。一侧脚向前跨一步，对侧手支撑地面，前侧腿的同侧手肘抵在前侧脚的内侧。

02 抵在前侧脚内侧的手臂向上打开，眼睛看手掌指尖，双臂呈一条直线。

03 打开的手臂收回，支撑于前侧脚外侧地面，前侧腿从屈膝状态伸直，脚跟着地。

04 回到弓步姿势，接着后侧腿蹬地，起身站立。回到起始姿势，换另一侧重复，两侧交替进行，完成规定的次数。

器材 ➤ 无

主要部位 ➤ 髋部、腿部、核心

主要肌肉 ➤ 髂腰肌、股直肌、腘绳肌、腓肠肌、臀大肌、腹内斜肌、腹外斜肌

要点

核心收紧，下背部尽量挺直。向前跨的步尽量大，后侧腿始终伸直。

第 5 章

柔韧性训练计划

5.1 基础柔韧性训练计划

上肢柔韧性训练计划

1 三角肌前束拉伸

15~30秒×2组
静态保持
无间歇

→ 第86页

2 三角肌后束拉伸

15~30秒/侧×2组
静态保持
无间歇

→ 第87页

3 肱三头肌拉伸

15~30秒/侧×2组
静态保持
无间歇

→ 第90页

4 动态胸部扩张−胸肌拉伸

10~15次×1组
中速
无间歇

→ 第114页

5

仰卧抱膝式

15~30秒×2组
静态保持
无间歇

→ 第80页

6

俯卧-两侧转体看脚跟

5~10次×1组
中速
无间歇

→ 第113页

7

反向90度/90度拉伸

5~10次/侧×1组
中速
无间歇

→ 第110页

8

猫狗式-胸椎伸展

5~10次×1组
中速
无间歇

→ 第109页

5.1 基础柔韧性训练计划

下肢柔韧性训练计划

1

坐姿–4字形拉伸

15~30秒/侧×2组
静态保持
无间歇

→ 第69页

2

坐姿–90度/90度拉伸

15~30秒/侧×2组
静态保持
无间歇

→ 第75页

3

**坐姿俯身–双脚分
开–内收肌拉伸**

15~30秒×2组
静态保持
无间歇

→ 第54页

4

半跪姿–股四头肌拉伸

15~30秒/侧×2组
静态保持
无间歇

→ 第59页

5

坐姿–胫骨前肌拉伸

15~30秒/侧×2组
静态保持
无间歇

→ 第51页

6

仰卧伸膝–腘绳肌拉伸

5~10次/侧×1组
中速
无间歇

→ 第100页

7

屈膝–比目鱼肌拉伸

15~30秒/侧×2组
静态保持
无间歇

→ 第50页

8

直腿–腓肠肌拉伸

15~30秒/侧×2组
静态保持
无间歇

→ 第49页

5.1 基础柔韧性训练计划

上肢激活训练计划

1 泡沫轴–肱二头肌

30秒/侧（酸痛点处保持5秒）×1组
中速
无间歇

→ 第47页

2 泡沫轴–肱三头肌

30秒/侧（酸痛点处保持5秒）×1组
中速
无间歇

→ 第46页

3 泡沫轴–上背部

30秒（酸痛点处保持5秒）×1组
中速
无间歇

→ 第45页

4 泡沫轴–下背部

30秒（酸痛点处保持5秒）×1组
中速
无间歇

→ 第43页

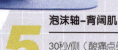

5 泡沫轴–背阔肌

30秒/侧（酸痛点处保持5秒）×1组
中速
无间歇

→ 第44页

5.1 基础柔韧性训练计划

上肢放松训练计划

1

肱三头肌拉伸

15~30秒/组×2组
静态保持
无间歇

→ 第90页

2

反向90度/90度拉伸

5~10次/侧×1组
中速
无间歇

→ 第110页

3

菱形肌拉伸

15~30秒×2组
静态保持
无间歇

→ 第76页

4

分腿姿-体侧屈

15~30秒/侧×2组
静态保持
无间歇

→ 第83页

5

眼镜蛇式

15~30秒×2组
静态保持
无间歇

→ 第84页

5.1 ▶ 基础柔韧性训练计划

下肢激活训练计划

1

按摩棒–小腿后侧肌群

30秒/侧（酸痛点处保持5秒）×1组
中速
无间歇

→ 第26页

2

泡沫轴–腘绳肌

30秒/侧（酸痛点处
保持5秒）×1组
中速
无间歇

→ 第36页

3

泡沫轴–内收肌

30秒/侧（酸痛点处保
持5秒）×1组
中速
无间歇

→ 第39页

4

泡沫轴–髂胫束

30秒/侧（酸痛点处
保持5秒）×1组
中速
无间歇

→ 第35页

5

泡沫轴–股四头肌

30秒（酸痛点处保持5秒）×1组
中速
无间歇

→ 第37页

6

泡沫轴–臀部肌群

30秒（酸痛点处保
持5秒）×1组
中速
无间歇

→ 第42页

5.1 ▶ 基础柔韧性训练计划

下肢放松训练计划

1 跪姿-起跑者弓步

15~30秒/侧×2组
静态保持
无间歇

→ 第68页

2 坐姿-4字形拉伸

15~30秒/侧×2组
静态保持
无间歇

→ 第69页

3 坐姿俯身-双脚分
开-内收肌拉伸

15~30秒×2组
静态保持
无间歇

→ 第54页

4 桌式-股四头肌拉伸

15~30秒/侧×2组
静态保持
无间歇

→ 第60页

5 弓步-腓肠肌拉伸

15~30秒/侧×2组
静态保持
无间歇

→ 第48页

5.1 ▶ 基础柔韧性训练计划

核心激活训练计划

1

泡沫轴–下背部

30秒（酸痛点处保持5秒）×1组
中速
无间歇

→ 第43页

2

猫狗式–胸椎伸展

5~10次×1组
中速
无间歇

→ 第109页

3

泡沫轴–臀部肌群

30秒（酸痛点处保持5秒）×1组
中速
无间歇

→ 第42页

4

泡沫轴–臀中肌

30秒/侧（酸痛点处保持5秒）×1组
中速
无间歇

→ 第40页

5.1 ▶ 基础柔韧性训练计划

核心放松训练计划

1

大字–两侧屈

5~10次×1组
中速
无间歇

→ 第112页

2

坐姿–90度/90度拉伸

15~30秒/侧×2组
静态保持
无间歇

→ 第75页

3

分腿姿–体侧屈

15~30秒/侧×2组
静态保持
无间歇

→ 第83页

4

眼镜蛇式

15~30秒×2组
静态保持
无间歇

→ 第84页

5.1 基础柔韧性训练计划

全身激活训练计划

1 抱膝前进

5~8次×1组
中速
无间歇

→ 第105页

2 后交叉弓步

5~8次×1组
中速
无间歇

→ 第103页

3 向后弓步-转体

5~10次×1组
中速
无间歇

→ 第104页

4 四肢爬行

5~8次×1组
中速
无间歇

→ 第119页

5 最伟大拉伸

5~8次×1组
中速
无间歇

→ 第120页

5.1 基础柔韧性训练计划

全身放松训练计划

1 麻花式拉伸

15~30秒/侧×2组
静态保持
无间歇

→ 第72页

2 仰卧-脊柱扭转

15~30秒/侧×2组
静态保持
无间歇

→ 第71页

3 桌式-股四头肌拉伸

15~30秒/侧×2组
静态保持
无间歇

→ 第60页

4 站姿-腘绳肌拉伸

15~30秒/侧×2组
静态保持
无间歇

→ 第63页

5 下犬式

15~30秒×2组
静态保持
无间歇

→ 第52页

5.2 专项柔韧性训练计划

跑步运动柔韧性训练计划

1

跪姿–起跑者弓步

15~30秒/侧×2组
静态保持
无间歇

→ 第68页

2

手臂上伸–股四头肌拉伸

5~10次×1组
中速
无间歇

→ 第96页

3

向后分腿蹲–腘绳肌拉伸

5~10次×1组
中速
无间歇

→ 第98页

4

屈膝–比目鱼肌拉伸

15~30秒/侧×2组
静态保持
无间歇

→ 第50页

5

直腿–腓肠肌拉伸

15~30秒/侧×2组
静态保持
无间歇

→ 第49页

专项柔韧性训练计划

足球运动柔韧性训练计划

1

坐姿－腘绳肌拉伸

15~30秒/侧×2组
静态保持
无间歇

→ 第64页

2

抱膝前进

5~10次×1组
中速
无间歇

→ 第105页

3

桌式－股四头肌拉伸

15~30秒/侧×2组
静态保持
无间歇

→ 第60页

4

坐姿－胫骨前肌拉伸

15~30秒/侧×2组
静态保持
无间歇

→ 第51页

5

弓步－腓肠肌拉伸

15~30秒/侧×2组
静态保持
无间歇

→ 第48页

5.2 专项柔韧性训练计划

篮球运动柔韧性训练计划

1 站姿−肩部拉伸

15~30秒/侧×2组
静态保持
无间歇

→ 第89页

2 俯卧−两侧转体看脚跟

5~10次×1组
中速
无间歇

→ 第113页

3 后交叉弓步

5~10次×1组
中速
无间歇

→ 第103页

4 侧弓步

5~10次×1组
中速
无间歇

→ 第102页

5 弹力带−仰卧−腘绳肌拉伸

15~30秒/侧×2组
静态保持
无间歇

→ 第66页

5.2 专项柔韧性训练计划

游泳运动柔韧性训练计划

1 三角肌前束拉伸

15~30秒×2组
静态保持
无间歇

→ 第86页

2 三角肌后束拉伸

15~30秒/侧×2组
静态保持
无间歇

→ 第87页

3 猫狗式–胸椎伸展

5~10次×1组
中速
无间歇

→ 第109页

4 臀桥–单臂转肩–背阔肌拉伸

15~30秒/侧×2组
静态保持
无间歇

→ 第79页

5 跪姿–起跑者弓步

15~30秒/侧×2组
静态保持
无间歇

→ 第68页

5.2 专项柔韧性训练计划

持拍类运动柔韧性训练计划

1 肱三头肌拉伸

15~30秒/侧×2组
静态保持
无间歇

→ 第90页

2 站姿–胸椎旋转

5~10次×1组
中速
无间歇

→ 第115页

3 站姿–肩部拉伸

15~30秒/侧×2组
静态保持
无间歇

→ 第89页

4 坐姿–90度/90度拉伸

15~30秒/侧×2组
静态保持
无间歇

→ 第75页

5 麻花式拉伸

15~30秒×2组
静态保持
无间歇

→ 第72页

5.3 体育测试提升训练计划

坐位体前屈测试针对性提升训练计划

眼镜蛇式

15~30秒×2组
静态保持
无间歇

→ 第84页

2

跪姿–背阔肌拉伸

15~30秒×2组
静态保持
无间歇

→ 第78页

3

弓背拉伸

15~30秒×2组
静态保持
无间歇

→ 第81页

4

坐姿–腘绳肌拉伸

15~30秒/侧×2组
静态保持
无间歇

→ 第64页

5

坐姿俯身–双脚分开–内收肌拉伸

15~30秒×2组
静态保持
无间歇

→ 第54页

5.4 ▶ 健康成长专题柔韧性训练计划

增高训练计划

1 树式伸展

15~30秒/侧×2组
静态保持
无间歇

→ 第95页

2 大字-两侧屈

5~10次/侧×1组
中速
无间歇

→ 第112页

3 猫狗式-胸椎伸展

5~10次×1组
中速
无间歇

→ 第109页

4 坐姿俯身-脚掌对合-内收肌拉伸

15~30秒×2组
静态保持
无间歇

→ 第55页

5 最伟大拉伸

5~10次×1组
中速
无间歇

→ 第120页

5.4 健康成长专题柔韧性训练计划

体态改善训练计划

1

坐姿-颈部拉伸

5~10次×1组
中速
无间歇

→ 第116页

2

站姿-肩部拉伸

15~30秒/侧×2组
静态保持
无间歇

→ 第89页

3

猫狗式-胸椎伸展

5~10次×1组
中速
无间歇

→ 第109页

4

臀桥-单臂转肩-背阔肌拉伸

15~30秒/侧×2组
静态保持
无间歇

→ 第79页

5

眼镜蛇式

15~30秒×2组
静态保持
无间歇

→ 第84页

5.4 健康成长专题柔韧性训练计划

久坐放松训练计划

1

坐姿-颈部拉伸

5~10次×1组
中速
无间歇

→ 第116页

2

站姿-肩部拉伸

15~30秒/侧×2组
静态保持
无间歇

→ 第89页

3

仰卧抱膝式

15~30秒×2组
静态保持
无间歇

→ 第80页

4

站姿-胸椎旋转

5~10次×1组
中速
无间歇

→ 第115页

5

向后弓步-转体

5~10次×1组
中速
无间歇

→ 第104页